講談社選書メチエ
677

主権の二千年史

正村俊之

MÉTIER

目次

第四章 近代民主主義の揺らぎ

プロローグ

今日、多くの人々は民主主義を最善の統治形態と思っているが、その一方で民主主義に対する批判もあとを絶たない。民主主義が正当な統治形態とみなされるようになったのは、意外にも二〇世紀に入ってからであるが、早くも二〇世紀後半になると民主主義の限界や欠陥が指摘されるようになった。一九七〇年代には、政府の統治能力の危機、政府に対する不信の増大が問題にされた。多くの民主的国家でこの現象が見られたが、それについて専門家は、戦後の高度成長を導いた政府の施策が功を奏し、人々の政治的要求が政府の統治能力を超えるほどに肥大した結果、政府に対する不信が増大したと分析した。

たしかに、日本でも国政選挙の投票率を見てみると、一九八〇年代以降、投票率が急速に低下した。世論調査の結果も、八〇年代後半から政府に対する信頼が失われてきたことを示している。投票率の低下は、ただちに政治的無関心を意味するわけではないが、八〇年代に人々の関心が政治から離れ、プライベートな生活に向けられるようになったことは否めない。しかし、今日、民主主義が抱えている問題を「政府の成功による失敗」とみなすことはできないだろう。

一九九〇年代に入ると、政府や政治に対する不信が高まっただけでなく、政党政治に綻《ほころ》びが生じ始めた。東西冷戦が続いていた時代には「保守と革新」、「右派と左派」の対立が政治を動かす原理として作用したが、これらの対立軸は、東西冷戦が終焉して新自由主義的な改革が世界を席捲する中で意味を失っていった。何が保守で何が革新かが分からなくなってきたのである。与党と野党の政策上の違いは曖昧になり、政権交代が起こっても、政治は容易には刷新されない。日本では九〇年代に二大政党制を目指して中選挙区制を小選挙区制に改める選挙制度改革が行われ、その後、政権交代も起こったが、問題の解決には至らなかった。

政党政治が有効に機能しなくなる中で台頭してきたのが、ポピュリズムである。これまでポピュリズムは近代化や産業化の途上で現れるとされてきたが、一九九〇年代以降、先進国でも広がりを見せている。ポピュリズムは一般に「大衆迎合主義」と理解されているが、特定の政治家に対する熱狂的かつ直接的な支持に支えられている点で、直接民主主義的な要素を含んでいる。日本では、小泉純一郎政権の頃から「劇場型政治」が顕著になり、ポピュリズム的な様相を帯びてきた。早くから二大政党制のもとで政権交代が実現されてきた欧米と、政権交代が容易に進まない日本では、政党政治のあり方に違いはあるものの、既存の政党や政党政治の限界がポピュリズムを生む背景にある。

さらに日本では、二〇一五年に国会で審議された安全保障関連法案をきっかけに、民主主義に関する議論が活発化した。戦争の放棄を謳った日本国憲法第九条のもとで集団的自衛権の行使が認められるか否かが議論の争点となったが、そこから派生して、立憲主義のあり方、すなわち権力と法の関係も問われた。国会の外では、平和憲法・民主主義の擁護をスローガンに掲げたデモが繰り広げられた。二一世紀に入っても政府や政治に対する不信は高まる一方だが、人々は政治に無関心であり続けたわけではない。一九九〇年代を境に「新しい社会運動」と呼ばれる社会運動が世界的に興隆し、日本でも東日本大震災にともなう福島第一原子力発電所事故のあと「脱原発」を目指す社会運動が起こった。安保関連法案をめぐるデモは、そうした流れの延長線上にある。

こうして見てくると、近代民主主義はさまざまな問題を抱えているだけでなく、その深刻さを増していることが分かる。近年の民主主義論には、近代民主主義の限界を乗り越えて直接民主主義を目指す議論もあれば、逆に直接民主主義の危うさを指摘し、代表制という仕組みに積極的な意義を見出す議論もある。さらには民主主義そのものに懐疑的な議論もあれば、その上で民主主義を擁護する議論もある。こうした論争的な状況が生まれるところに近代民主主義の危機が反映されていると言えるだろう。

もちろん、政治的要求の多様化、政府に対する信頼性の低下、政党政治の限界、ポピュリズムの台頭といった問題が起こったからといって、それがただちに民主主義の危機を意味するわけではない。近代民主主義が危機に陥っているか否か――その答えを見つけるには、近代民主主義を現代社会の変化という構造的文脈の中に位置づけて把握しなければならない。そして、そのためには、近代民主主義がそもそもどのような歴史的過程をたどって形成されたのかを理解しておかなければならない。

これまで、民主主義を語る際、近代初頭の政治思想や社会状況に言及したり、古代ギリシアの民主政に言及したりすることはあっても、西欧中世社会に話が及ぶことはほとんどなかった。例えば、民主主義について概説したバーナード・クリックは、古代民主政を説明したあと、いきなり近代に話を進めている。「ギリシア人の時代から一八世紀にいたるまで、デモクラシーについて声高に語る声や、興味をそそられるような話を耳にすることはない」（Crick 2002／五七頁）。西欧中世社会が議論の俎上に載らないのは、この社会がキリスト教社会であり、神権政治が行われていたからである。

しかし、西欧中世社会は近代民主主義の形成にとって何の影響も及ぼさなかったのだろうか。かつてマックス・ウェーバー（一八六四―一九二〇年）は、『プロテスタンティズムの倫理と資本主義の精神』（一九〇四年）の中でプロテスタンティズムが意図せざる結果として近代資本主義の形成を促したことを明らかにしたが、近代民主主義に関しても、キリスト教との関連が検討されなければならない。

近代社会というのは、政治・経済・宗教といった社会的機能が分化した社会である。我々が「近代民主主義」、「近代資本主義」と呼んでいる仕組みは、近代社会の中で機能分化した政治システム、経済システムを表している。そして、近代民主主義としての政治システムは、代表原理、政党政治、立憲主義など、さまざまな要素を組み込んでいるが、その中核に位置しているのが人民主権である。「人民主権」は「国民主権」よりも基底的な概念である。ここで「人民」というのは、単に被支配者や一般大衆を指しているのではない。人民主権の確立は、これまで被支配者であった多数の人々が、支配者として君臨していた一部の人間に取って代わっただけでなく、神に代わって人間が社会の主役になったことを意味している。つまり、人民主権は、神に対する人間の自律と深く結びついている。「主権」は近代的な概念とされているが、近代に至って突然誕生したわけではなく、その起源は近代以前にある。結論を先取りして言えば、近代における主権の確立は、逆説的にも、キリスト教が支配していた西欧中世社会の中で準備されていたのである。

ただ、本書で試みたいのは、「主権」概念の起源を探る系譜学的・訓詁学的な考察ではない。そうではなく、社会の統治権力が神から人間に置き換えられ、近代民主主義が機能分化した政治システムとして確立された歴史的なプロセスと、その政治システムが現代社会の変容とともに危機に陥った構造的な理由を明らかにすることである。

人民主権は、国民国家を単位にした近代社会の中で「国民主権」として具現された。日本では、第二次世界大戦後に憲法改正が行われ、主権は天皇から国民に移行した。一九世紀のプロイセン（ドイツ）憲法をモデルにしていた大日本帝国憲法は、天皇を国の元首と定め、神聖にして侵すべからざる存在と位置づけたが、日本国憲法は、国民が主権を有し、天皇は日本国および日本国民の統合の象徴である、と規定した。また、選挙制度の改正を通じて、男性だけでなく女性の参政権を認める新選挙法が制定された。こうして国民主権が制度的に確立された。

国民主権は、一人一人の国民にとっては、選挙の際に一票を投ずる権利にすぎないように見える。けれども、国民主権を個人の権利問題に還元することはできない。国民主権（人民主権）とは、人間が自らの意志に基づいて社会を統治する仕組みを表しており、西欧社会がたどった特異で、しかも長い歴史を経て形作られたものである。イギリスやフランスでは、国王が主権を握る絶対主義国家から、国民が主権を有する国民国家へ移行していったのは一七世紀から一九世紀にかけてであるが、そのような主権の歴史的変遷を理解するためには中世にまで遡る必要がある。

そして、国民主権の仕組みを支えているのは、憲法や普通選挙制度といった法的・政治的な要因だけではない。本書で述べるように、近代民主主義の存立には、政治と法、政治と宗教、政治と経済の関係を規定するさまざまな要因が関わっている。特に政治と宗教の機能分化は、中世以来の長い歩みの中で達成された。国民主権を根幹に据えた近代民主主義は、政治、経済、法、宗教が相互に機能分化を遂げ、政治システムが他の機能システムから自律する中で成立したのである。

今日、近代民主主義は、国民主権に関わるさまざまな問題に直面している。選挙制度や議会政治の機能不全といった政治的問題だけではない。一見、政治と無関係に思われる出来事が政治システムを足下から揺るがす作用を及ぼしている。近代民主主義の成立が宗教、法、経済といった他の社会的機能と関連しているからこそ、一九七〇年代以降あらわになってきた近代民主主義の危機は現代社会の変容と連動しているのである。

そこで、本書では、主権の問題を基軸に据え、主権を規定する社会的諸条件とその変化を視野に入れながら、近代民主主義の歴史的な形成と変容に迫ってみたい。

第一章 近代民主主義とは?

1　機能分化した政治システム

近代民主主義が機能分化した政治システムとして成立する歴史的過程と構造的条件については後述するとして（第二章、第三章）、ここでは近代民主主義の特徴を押さえておこう。

「デモクラシー（democracy）」の語源になっている「デモクラティア（dēmokratia）」は、「民衆」を意味する「デーモス（dēmos）」と、「権力・力」を意味する「クラティア（kratia）」の合成語である。つまり、民主主義とは、民衆が権力を掌握し、自らの権力に基づいて社会を統治する仕組みを表している。カール・シュミット（一八八八―一九八五年）が「下された決定は決定する者自身にとってのみ妥当する、ということが民主主義の本質に属する」（Schmitt 1923／二一頁）と述べたように、民主主義の本質は権力の行使者と被行使者の一致にある。

権力の行使者と被行使者が一致するということは、別の言い方をすれば、権力が行使者と被行使者の間を循環するということでもある。この点に着目して近代社会の政治システムを捉えたのが、ニクラス・ルーマン（一九二七―九八年）である（Luhmann 1997; Luhmann 2000）。ルーマンは、近代社会の政治システムを権力循環のシステムとして定式化した。その政治システム論は、「オートポイエティック・システム論」と呼ばれる彼の社会システム論の応用として構想されている。

オートポイエティック・システムというのは、システムの構成要素を他の構成要素との関連の中で回帰的・継続的に再生産し、それに基づいてシステムと環境の境界を設定・維持する自己創出的なシステムのことである。社会システムの場合、その構成要素となるのは人と人とのコミュニケーション、すなわち社会的コミュニケーションである。

ルーマンによれば、社会的コミュニケーションは送り手から受け手への情報伝達ではない。社会的コミュニケーションには、受け手が情報を理解するプロセスも含まれており、受け手が送り手の情報をどのように理解したのかを送り手が把握するためには、受け手の反応を見る必要がある。コミュニケーションの意味は、受け手の反応となる後続コミュニケーションの中で確定されるが、後続のコミュニケーションに関しても同じことが言える。したがって、社会的コミュニケーションは、コミュニケーションによってコミュニケーションを再生産する継続的な過程をなしている。

社会システムは環境との関わりの中で存立しているが（システムの開放性）、環境との境界は社会的コミュニケーションの回帰的・継続的なプロセスを通じて設定・維持される（システムの閉鎖性）。そして、近代社会は社会的な諸機能が分化した社会であるが、機能分化したサブシステムも含めて、社会システムはすべてオートポイエティック・システムである。各機能システムは、それぞれ固有のコミュニケーション・メディアに媒介されながらコミュニケーションを再生産している。

ただし、ここで言うコミュニケーション・メディアは、テレビやインターネットのような情報伝達のあり方を規定するメディアを指しているのではない。メディアには、送り手の情報を受け手が受容する可能性を高める働きをもったメディアが存在する。例えば、政治システムの場合には権力、経済システムの場合には貨幣が、それに相当する。権力を保有していれば相手に命令を受け入れさせる可能性が高まるし、貨幣が介在していれば商品交換が容易になる。

各機能システムにおいては、これらのメディアがそれぞれ特有な二項コードに依拠して作動する。権力は「与党／野党」という二項コード、貨幣は「支払う／支払わない」という二項コードに依拠して作動している。各機能システムの内部では、あらゆる出来事が二項コードに関連づけて判断されるので、二つの選択肢のどちらにも関連しない第三項は排除される。この第三項を排除する性質がシステムの閉鎖性と自律性を支えている、とルーマンは言う。

要するに、近代社会の政治システムというのは、「与党／野党」という二項コードのもとで、コミュニケーション・メディアとしての権力が国民の間で循環するシステムを表している。国民（有権者）が与党と野党のマニフェストに照らして政治家を選び、政治家が議会で法や政策を決定し、官僚が法に基づいて政策を遂行するプロセスは、すべて権力に媒介されたコミュニケーションであり、このプロセスを経て、国民の権力は国民自身に及ぶことになるのである。

権力循環には、国民が行政機関に圧力をかけ、行政機関が立法機関に影響を与えるという、もう一つのタイプが存在するが、いずれにしても、政治システムは、主権者たる国民の権力が立法機関や行政機関に媒介されながら、最終的には国民自身に及ぶ権力循環のシステムである。ルーマンは、国民（有権者）の投票行動から始まる権力循環を政治システムの「公式的側面」、それとは逆の権力循環を「非公式的側面」とした（図1）。

近代民主主義をこのように捉えると、近代民主主義と近代資本主義が機能的には分化しつつも、構造的には同型のシステムであることが分かる。というのも、貨幣が企業（生産者）と家計（労働者＝消費者）の間で循環する経済システムとして成立したのが近代資本主義だからである（図2）。

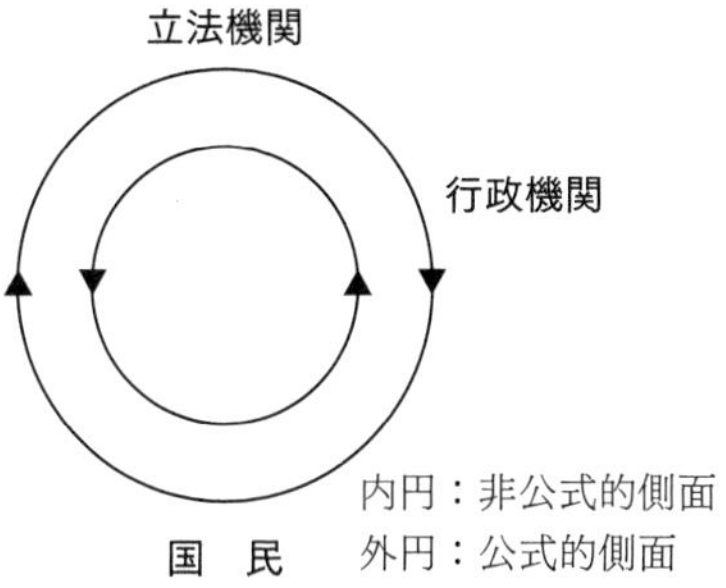

図１　政治システム：権力循環

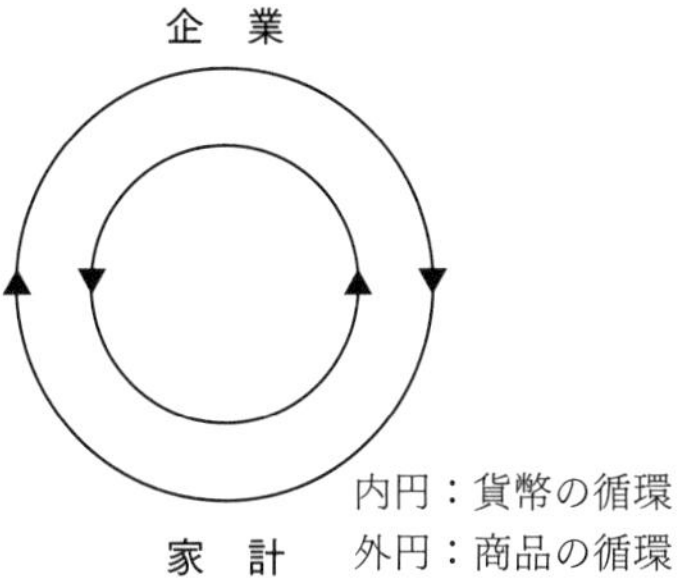

図２　経済システム：貨幣循環

経済システムにおいては、貨幣というコミュニケーション・メディアが「支払う／支払わない」という二項コードに基づいて循環している（Luhmann 1988）。貨幣に媒介された商品交換も社会的コミュニケーションの一種であり、経済システムの内部では、すべての出来事が「支払う／支払わない」という二項コードに基づいて解釈される。商品を売って貨幣を手に入れた人は貨幣を使って他の商品を購入するので、貨幣的交換が継続的に行われる。しかも、近代資本主義においては労働力も商品化されているので、企業が自らの生産物を消費者に提供して貨幣を手に入れるだけでなく、労働者も自らの労働力を企業に提供して貨幣を手に入れる。企業（生産者）と家計（労働者＝消費者）の間では、商品と貨幣が逆向きに循環する。このような貨幣循環の回路を確立した経済システムが、近代資本主義である。

　このように、政治システムと経済システムは、それぞれ特有なコードに依拠した権力循環と貨幣循環のシステムとして分化した。ただし、そのことは政治システムが他の機能システムと無関係になったことを意味しない。ルーマンによれば、政治システムは自らの環境を構成している他の機能システムと構造的にカップリングしている。

例えば、政治システムは、経済システムと税を介してカップリングしている。国家の行政機関は立法機関のもとで制定された法に基づいて政策を遂行するが、政策を実現するためには貨幣が必要である。したがって、国家も先に示した貨幣循環の回路に参入する。企業や個人から税を徴収し、徴収した税を基に政策を執行するのである。政治システムと経済システムが税を介して結合するかぎり、二つの機能システムの自律性は失われない。貨幣の作動が権力の統制を受けたり、逆に権力の作動が貨幣によってコントロールされたりすることはないからである。

経済システムと並んで政治システムと関連が深いのが法システムであるが、この二つのシステムは憲法を介してカップリングしている。この場合、法システムというのは、法テクストの体系ではなく、法的コミュニケーションを構成要素にしたコミュニケーション・システムを指す（Luhmann 1993）。法的コミュニケーションは「合法／不法」という二項コードに依拠して作動し、法テクストは「合法／不法」を判断するために用いられる。

近代法は、主権者の政治的意志に基づいて制定・改変される実定法であり、憲法もその一つである。実定法の特色は、法の変更を合法的に認めている点にある。法を改変するための手続きが法自体の中で規定されており、手続き法に従えば、法を合法的に改変することができる（Luhmann 1972）。近代法の場合、法は政治的意志に基づいて制定・改変されると同時に、法体系の頂点をなす憲法と整合的な仕方で形成される。したがって、憲法は政治システムと法システムの結節点をなしている。

以上のように、政治システムは、権力循環のシステムとして他の機能システムから自律しつつ（システムの閉鎖性)、同時に税を介して経済システムと、また憲法を介して法システムと構造的にカップリングしているのである（システムの開放性)。

2　人民主権・立憲主義・代表原理

以上の点を踏まえると、近代民主主義は、近代社会の政治システムとして三つの要素から成り立っていることが分かる。

まず第一は、人民主権である。民主主義の根幹をなすのは人民を主権者とする人民主権であり、このことは二つのことを含意している。すなわち、主権が通常の権力ではなく、絶対的な権力であるということ、そして、主権を握っているのが神や国王ではなく、人民（人間）であるということ、である。

まず、主権とは「至上の権威・権力」を意味している。主権が通常の権力から区別されるのは、主権が絶対的・恒久的な立法権として現れるからである。つまり、通常の権力が法に拘束され、法の内側に位置するのに対して、主権は法の制定・改変を行いうる権力として、法の外側に位置しているのである。いかなる法に対しても、その外側に立ちうるところに、主権の絶対性・恒久性を見て取ることができる。

そして、近代的な主権概念を最初に提起したのは、一六世紀の政治思想家ジャン・ボダン（一五三〇―九六年）だが、ボダンの主権論が正当化した絶対主義国家は近代国家に属するとはいえ、国民国家以前の形態であり、多分に中世的要素を残している。絶対主義国家は、カトリック教会の影響を排除していたとはいえ、国王の権力が神によって授けられたとする「王権神授説」に依拠していた。ボダンが王権神授説を前提に国家主権を説いた際、その国家主権の絶対性と恒久性は神の絶対性と恒久性に由来していたのである。

したがって、人民主権が確立されるためには、絶対的な権力としての主権が成立するだけでなく、人民（人間）が主権者にならなければならなかった。人民主権は、神や国王に代わって人民としての人間が絶対的な権力を掌握することを意味する。歴史的には、近代民主主義が制度化されたとき、主権者になったのは民衆一般ではなく国民であったが、国民主権は人民主権という前提の上に成り立っているのである。

このことを踏まえると、民主政と独裁政が紙一重の関係にあることが分かる。というのも、両者は、多数者による支配と一者による支配という点では対照的だが、どちらも人間による支配であるという点では共通しているからである。

実際、ジョージ・ハルガルテンは、次のように述べている。

独裁は、東洋社会《オリエンタリズム》という観念と非常に密接に結びついている専制政治と反対に、最近まで西半球に限られていた。どこであろうと西洋の圏外に独裁が出現した場合には、それは二〇世紀の子であり、西洋の人間の影響で起こった社会変化の徴候であった。〔…〕

東洋の君主政体は、多くは大河流域に発展し、治水の術を心得た僧侶・司祭の支配するところであったが、西洋世界の繁栄したのは大洋のまわり、地中海の島や沿岸、そして後には大西洋の港であって、そこを根拠地として都市国家と海洋国家の絵巻が繰り拡げられたのであった。

（Hallgarten 1954／五頁）

過去の歴史を振り返ってみると、民主政が独裁政に転化したり、独裁政が民主政に転化したりしたが、それは民主政と独裁政がともに人間の自律を前提にした統治形態だったからである。

次に、近代民主主義を構成する第二の要素として、立憲主義が挙げられる。民主主義と立憲主義は、しばしば近似的な概念として理解されているが、立憲主義は、法によって権力濫用の防止をはかることを目的としているので、人民に絶対的な権力を付与する人民主権と対立する可能性を孕んでいる。人民主権の立場に立てば、人民（国民）は法を人為的に制定・改変しうる絶対的な権力を有しているが、立憲主義の立場に立てば、いかなる権力行使も法に準拠しなければならない。つまり、近代民主主義において、主権者の権力は、法に優越すると同時に（人民主権）、法に従属する（立憲主義）、という相反的な規定を与えられているのである。

この問題を解決可能にしているのが、近代の実定法を基礎にした、政治システムと法システムの構造的カップリングである。実定法としての近代法は、法の変更をも合法化し、人間の自由意志によって改変される一方で、改変手続きを法的に定めている。法体系の頂点に位置する憲法も手続き法を組み込んでいる。実定法としての憲法を介して、政治システムは法を人為的に生成する権力の論理を貫徹すると同時に、法システムは権力行使を法的に規制する法の論理を貫徹することができる。

こうして、政治システムと法システムは、それぞれ自己決定性を維持しながら相互に規制し合っている。別の言い方をすれば、近代民主主義は実定法を基礎にして、人民主権と立憲主義を両立可能にしているのである。

そして、近代民主主義を構成する第三の要素は、代表原理である。近代民主主義が「間接民主主義」ないし「代議制民主主義」と呼ばれるのは、近代民主主義が代表原理に立脚しているからである。国民は、自らの代表者として政治家を選出し、与党と野党のいずれかを選択する形で政治的な意思決定を行う。

代表原理においては代表する者と代表される者の区別が生ずることから、人民主権と代表原理の関係も、人民主権と立憲主義の場合と同様に、一定の緊張を孕んでいる。というのも、社会的には個人主義、思想的には自由主義が確立された近代社会では、統治する者はそれぞれ個別化された非同質的な存在だからである。この非同質性によって代表する者と代表される者の間には分裂が生じ、そこから人民主権の理念である「統治する者と統治される者の同一性」が損なわれる可能性が生まれる。

そのため、代表原理の賛否をめぐっては、これまでさまざまな議論が交わされてきた。人民主権論を唱えたジャン゠ジャック・ルソー（一七一二―七八年）は、「イギリス人が自由であるのは、議員を選挙する間だけのことで、議員が選ばれるや否や奴隷になる」と言って、イギリスの議会政治を批判した。もっとも、普通選挙制度が確立されていなかった当時の議会政治は民主主義が確立される以前の寡頭政治であり、議員は特権階級の代表者にすぎなかった。

その一方で、代表する者と代表される者の差異に民主主義の欠陥を克服する可能性を見出す見方もあった。アメリカ建国の際、その政治制度に共和政的な性格が付与されたのは、民主主義が衆愚政治に陥る危険性が危惧されたからである。ジェームズ・マディソン（一七五一―一八三六年）らは、選挙で選ばれた政治家が代表される者の意志を代弁する以上の役割を果たすことを期待した。このとき、代表原理は人民主権の「暴走」を防ぐ装置として認識されていたのである。

いずれにしても、近代の代表原理は、統治する者の非同質性という条件のもとで、そして政党政治、議院内閣制、大統領制、多数原理といったさまざまな付随的な要素を内包する形で確立された。

このように、近代社会の政治システムとして確立された近代民主主義は、人民主権、立憲主義、代表原理という、それぞれ独立した三つの柱から構成されている。人民主権と立憲主義、人民主権と代表原理（自由主義、個人主義）は本来、齟齬をきたすような潜在的緊張を孕んでいるが、近代民主主義はそれらを組み合わせた制度的な複合体として成立したのである。

3　古代民主政と近代民主主義

近代民主主義の核心が、人民主権という、人間の自律性を前提にした権力様式にあるとすれば、古代ギリシアで開花した古代民主政と、近代社会の政治システムとして確立された近代民主主義の間には重大な違いが存在する。

これまで近代民主主義の起源は古代ギリシアの民主政にあるとされてきた。たしかに、古代ギリシアでは、僧侶や祭司の支配する東洋の君主政体と違って、人間中心主義的な世界観が芽生えていた。「人間は万物の尺度である」と語ったのは、ソフィストの一人プロタゴラス（前四九〇頃―四二〇年頃）である。都市国家アテナイでは、僭主政という一種の独裁政を経て、民主政が誕生した。

紀元前六〜前五世紀のアテナイでは、官僚機構が存在せず、全市民の参加のもとで政治が営まれていた。五〇〇人のメンバーから成る評議会が日常の行政運営にあたり、評議員は一年を任期として、各地区（デーモス）から抽選で選ばれた。ポリス全体に関わる重大事項の最終的な決定権を握っていたのは、市民総会としての民会である。外国人居住者、奴隷、女性は政治に参加できなかったが、成人男性の市民は全員、民会に参加する権利をもっていた。アテナイでこのような政治が可能だったのは、市民の数が数万人の規模を超えることがなかったからである。

一方、近代社会は、アテナイとは比較にならない大規模な社会である。政治に対する全員参加は望むべくもない。このことから、二つの民主政の違いは直接民主主義か間接民主主義かという違いにあり、その違いは近代社会と都市国家の規模の相違に由来する、と考えられてきた。しかし、古代民主政と近代民主主義の間には、より根本的な違いがある。

まず第一に、東洋の君主政体とは異なるが、古代ギリシアの都市国家においても政治と宗教は分離されていなかった。「アテナイ人の多くはデモクラシーを、実は神々の意志を掲げてそれを実現する方式のことだ」（Keane 2009／(上)四八頁）と考えていた。例えば、アテナイの軍隊は、神々や女神たちの許可を得、供犠《くぎ》という宗教儀礼を通じて祈りと供物を捧げたあとに、預言者または「占い師」をともなって出陣した。戦場にいる時も、そうでない時も、軍隊は供犠を執り行うことによって神々に伺いを立て、犠牲獣を供えて、進むべき道を知るために動物の内臓を検分したのである。

宗教と政治の「分離」、神の意志と人びとの「世俗の」意志とを分けるという考え自体が、アテナイ人のメンタリティーにとってまったく馴染みのないものだった。彼らにしてみれば、デモクラシーは予言を必要としており、それなしでは生き延びることができなかった。祭儀や供犠が重要な役割を演じた理由がそこにあった〔…〕。(ibid.／(上)四七頁)

神に対する人間の自律は政治と宗教の分離を通じて成就された以上、政治と宗教が分離されていなかった古代ギリシアでは、人間の自律は真の意味で確立されてはいなかった。

アテナイでは、評議会や民会といった公共的な場で自分の意見を主張し、相手を説得する弁論術が要請されたことから、「ソフィスト」と呼ばれる、弁論術を教える知識人が現れた。「人間は万物の尺度である」と語ったプロタゴラスもその一人だったが、ソフィストの思想に内在する相対主義・主観主義・人間主義を批判したのがプラトンやアリストテレスである。「西洋のすべての哲学は、プラトン哲学への脚注にすぎない」とアルフレッド・ノース・ホワイトヘッド（一八六一—一九四七年）が言ったように、イデアの普遍的な実在性を主張したプラトンの思想こそ、西欧思想の根幹をなしている。アテナイの民主政が僭主政のもとで衰退したことを認識していたプラトンは、民主政に否定的な評価を下した。プロタゴラスの思想は、多種多様な思想を開花させたギリシア思想の一つでしかなかったのである。

そして第二に、近代民主主義は個人主義を前提にしていたが、アテナイの直接民主政は市民共同体＝軍事共同体を基礎にしていた。

アテナイでは、市民の最も重要な役割は戦争の遂行であり、市民共同体は軍事共同体でもあった。市民が共同体のメンバーとして同質的な存在だったことは、評議員の選出方法として籤《くじ》による抽選が行われていたことにも表れている。誰が評議員になっても結果は同じか、異なるとしても互いに相殺される程度でしかなかったのである。アテナイ市民の自由とは「投票し、行政官を指名し、アルコン（最高官職）に就く権利をもつ」という意味での自由であり、そこには近代的な観念としての「個人の自由」は含まれていなかった。

一方、近代社会では、人間が神から自律しただけでなく、各個人も他者から自律した。近代民主主義は、アテナイに見られたような構成員の同質性を前提にしていない。たしかに、ベネディクト・アンダーソンが国民国家を「想像の共同体」と呼んだように（Anderson 1983）、近代国家にも一定の同質性は存在しているが、国民は個人主義化された近代的個人の集合体である。近代民主主義とは、いわば「バラバラな」個人が集まって自らの社会を統治する政治制度である。近代民主主義が「民主政」ではなく「民主主義」と表現されるのも、それが政治社会の構成原理であり、原理的な性格を帯びているからである（福田 一九七七）。

したがって、古代民主政と近代民主主義の違いは、単に直接民主主義か間接民主主義かの違いにあるのではない。古代ギリシアでも僭主政と民主政が成立したことを考えれば、人間が社会の統治者になっているように見えるが、人間の自由意志に権力の究極的な根拠が置かれていたわけではなかった。その意味で、古代民主政と近代民主主義は「似て非なるもの」なのである。

4　民主主義の「ありそうもなさ」

そうだとすれば、近代民主主義は古代ギリシアに端を発する、という従来の説明は再検討されなければならない。近代民主主義の歴史的形成に関して、まず把握しておかなければならないのは、近代民主主義が人類史上、容易に成立しそうもない統治形態であるということである。民主主義の時代に生きる我々にとっては、人間が自らの意志に基づいて社会を統治するのは当たり前に思えるが、それは決して歴史普遍的な事実ではないのである。

先に述べたように、主権は絶対的な権力を表しているが、権力のあり方は社会の歴史的発展とともに変化してきた。権力は一般に、他者の意志に反してでも他者を自分の意志に従わせる強制力と考えられてきた。しかし、権力は物理的暴力でないばかりか、強制力であるとすら言えない。権力が強制力として作用するには正当化されなければならないが、権力には、そもそも強制力として現れない、したがって正当性を必要としない権力も存在するからである。

例えば、ベネディクト・アンダーソンは、ジャワの権力観と西欧の権力観を比較して、ジャワの権力観には強制性が見られないと言う（Anderson 1990）。ジャワ人にとって権力は、自然と社会を含む宇宙の生成・再生に与《あずか》る力である。権力は、権力の行使者から独立して存在するが、通常は王のような支配者を介して発現する。権力は、宇宙を生成・再生する根源的な力であり、強制力を行使しなくとも、あらゆる存在に自らを浸透させることができる。支配者の権力は、正当化する必要がない代わりに、さまざまな出来事の中で象徴的に理解される。例えば、洪水や火山の爆発といった自然界の混乱、反社会的行動による社会的混乱、そして支配者の生殖能力の衰えは、支配者の権力が衰退している兆候とみなされる。

権力を宇宙の生成・再生に与る力として捉えるのは、権力概念の不当な拡大解釈に映るかもしれないが、そうではない。というのも、強制的な権力は「自然と社会」、「自己と他者」を切り離して捉える世界観を前提しているからである。社会が自然から切り離されると、人間の自由意志が働く余地が生まれる代わりに、自己の意志と他者の意志が分裂する可能性も高まる。このとき、権力者の意志を貫徹する強制力と、その実効性を担保する正当化の論理が必要になってくるのである。

ジャン・ボダンの主権論は王権神授説を唱える絶対主義国家のもとで誕生したが、この時代は自然と社会、自己と他者を切り離して捉える近代的世界観に向かう途上にあった。ボダンに少し遅れて登場したイギリスのトマス・ホッブズ（一五八八―一六七九年）も絶対主義国家を正当化する理論を構想したが、その基礎に置かれていたのは近代的個人主義に立脚した社会契約説である。ホッブズは、利己的な個人を出発点にして絶対的な国家権力を導き出した。

それとは対照的に、近代以前には、自然と社会、自己と他者を画然と分離しないような世界観が一般的だった。例えば、古代中国では天災異変は国家的秩序の乱れに結びつけられていたし、古代メソポタミアでは宇宙の構造は都市国家の構造に対応していると考えられていた。西欧中世でも、人間の身体は「ミクロコスモス」、自然や国家は「マクロコスモス」として認識されていた。

そうした世界観は、さまざまなバリエーションを含むが、聖俗二元論という、自然と社会の両方に貫徹する論理に支配されている点は共通している。聖俗二元論のもとでは、世界は、聖なる空間と俗なる空間、聖なる時間と俗なる時間に分割され、自然と社会のいずれであれ、聖なる力が俗なる秩序を生成する源となる。

聖俗二元論に立脚した社会では、権力は聖なる力として発現し、政治と宗教は明確に分離されていなかった。古代ギリシアの民主政が近代民主主義の起源になりえないのも、都市国家アテナイでは「政治と宗教の分離」や「神からの人間の自律」という、民主主義の成立に不可欠な前提が欠落していたからである。

したがって、人間が自らの意志で社会を統治することは決して自明な事柄ではない。権力が強制力をともなう絶対的な権力として成立することも、人民が絶対的な権力を掌握することも、本来「ありそうもない（unwahrscheinlich）」ことなのである。

5　社会の自己組織化としての近代民主主義

人間が自らの意志で社会を統治するという近代民主主義の本質は、別の言い方をすれば、近代社会の自己組織性を物語っている。「自己組織性」と「オートポイエーシス（自己創出性）」は、どちらも「自己生成」を表す概念であるが、理論的な出自も意味内容も異なっている。

ルーマンのオートポイエティック・システム論は、生物学理論として構想されたウンベルト・マトゥラーナ（一九二八年生）とフランシスコ・ヴァレラ（一九四六―二〇〇一年）のオートポイエーシス論をルーマンが社会学理論に組み替えたものである。自己創出性とは、システムの構成要素が再帰的・循環的に再生産されていくことを意味している。

それに対して、自己組織化論は、物理学や化学の分野でマクロ的な秩序の生成を説明する理論として登場した。例えば、水の入った容器に熱を加えると水の対流運動が起こるが、この現象を自己組織化として説明したのが、イリヤ・プリゴジン（一九一七―二〇〇三年）の「散逸構造論」であった。対流運動が起こる前の水が静止状態に見えるのは、ミクロなレベルでは無数の水の分子がバラバラに動き、その動きが相殺されるからである。マクロ的には安定的に見えるこの静止状態は、ミクロ的には無秩序な状態を意味する。この無秩序な状態に熱が加わることで、水の分子は同じ方向に向かって協調的に運動し、対流というマクロ的な秩序を生成したのである。

こうした秩序の自生的な生成という考え方が社会科学の領域に浸透する中で、社会の自己組織化論が誕生した。オートポイエティック・システム論と自己組織システム論では、同じ自己生成といっても自己生成のレベルが違っている。すなわち、前者の場合にはシステムの構成要素に、後者の場合にはシステムの構造（マクロ的秩序）に照準があてられていたのである。ただし、二つの理論は対立関係にあるわけではない。オートポイエティックな政治システムを一サブシステムとする近代社会は、自らの秩序を自らの手で改変しうる自己組織的な社会でもある。したがって、近代民主主義の歴史的形成は、本来成立しそうもない自己組織的な社会が成立する過程として捉えられる。

もっとも、社会の自己組織化を論じる際には、「観察者視点」と「当事者視点」を区別しなければならない。物理的秩序の場合には、観察者視点に立って、物理的秩序に働く因果的メカニズムを分析すればよかったが、社会的秩序の場合には、そうはいかない。各社会は、それぞれ固有の世界観を擁し、そのもとで秩序を形成してきた。社会的秩序は社会的コミュニケーションを通じて構築されるが、その社会的コミュニケーションのあり方は、当該社会の中で確立された世界観に左右される。一九世紀に社会科学の方法論論争として「説明と理解」をめぐる論争が起こったが、社会的秩序の自己組織化を解明するには、社会的構成員の認識や行為を、観察者視点に立って因果的に「説明」するだけでなく、当事者視点に立ってその意味を「理解」することが求められる。

この二つの視点に着目すると、近代民主主義を確立した近代社会は、いずれの視点から見ても自己組織的な社会であることが分かる。近代民主主義のもとでは、社会の構成員が自らの意志で社会を統治しているだけでなく、そのことを構成員が自覚してもいる。だからこそ、人間による社会の統治が自明視されたのである。

一方、政治と宗教が未分離で、権力が聖なる性質を帯びるような社会が自己組織的な社会であるか否かは、視点の取り方による。聖なる性質を帯びた権力は、社会的構成員の目には自らの意志を超越した力として現れる。権力が超越性を帯びているかぎり、社会の自己組織性が当事者に認識されることはない。しかし、観察者から見ると、そうした超越性の観念も社会的構成員の営みによって生み出されたものである。世界を創り出した超越的な存在そのものが、人間の手で創り出されていたのである。

社会の歴史において先行していたのは、社会の自己組織性が自覚されない社会であり、近代民主主義はそうした社会の歴史的発展の中から出現してきた。観察者から見れば、人間の社会はすべて自己組織的な社会だが、近代民主主義の社会に至って、その自己組織性が当事者にも認識されるようになったのである。このことは、本来「起こりそうもない（ありそうもない）」ことが「起こった」ことを意味している。それゆえ、近代民主主義の歴史的形成に関する問いは、次の二つの問いとして検討されなければならない。

まず第一は、「当事者に自覚されない形で自己組織化が実現される社会は、どのように成立したのか」という問いである。言い換えれば、社会的構成員にとって超越的な権力として現れる聖なる力は、社会的構成員のどのような営みによって生み出されたのか、ということである。

そして第二は、「当事者から見て自己組織的でなかった社会が、どのようにして自己組織的な社会に転換したのか」という問いである。神に由来する超越的な権力を「下降的権力」、人民主権に内在する権力を「上昇的権力」とするなら、下降的権力から上昇的権力への転換はどのように遂行されたのか、ということである。

近代民主主義は、これまでフランス革命に象徴される市民革命後に実現されたと考えられてきた。しかし、絶対王政の打倒は、近代民主主義を形成する歴史的過程のひとこまにすぎない。これから述べるように、人民主権、立憲主義、代表原理という近代民主主義を形作る三つの柱は、いずれも西欧中世社会に胚胎した。そして今日、近代民主主義が陥っている危機は、中世以来の長い歴史的な流れを逆転させるような変化として進行している。だからこそ、近代民主主義に関する歴史認識を踏まえておく必要があるのである。

第二章　近代民主主義への道

1　供犠と権力――自己否定的な自己組織化様式

社会の自己組織化に関する最初の問いは、当事者から見ると非自己組織的であるが、観察者から見ると自己組織的であるような社会はどのようにして成立するのか、というものであった。この問いは、聖なる力は俗なる世界を超越しているにもかかわらず、どのようにして俗なる世界の中に発現するのか、という問いでもある。聖なる力は、俗なる世界の中で人間の手によって生み出されたにもかかわらず、その痕跡が消されることによって俗なる世界に対する超越性を獲得する。聖俗二元論を採用している社会は、このような意味的メカニズムを内包しているはずである。

俗なる世界の中に聖なる存在を現出させる仕方には少なくとも三つの方法があり、いずれも否定の論理に依拠している。ここで主題化したいのは第三の方法であるが、その前に他の方法を見ておこう。

まず第一は、聖なる存在を「隠されたものとして表現する」という方法である。表現の仕方には、常に「表現」というポジティヴ（肯定的・積極的）な方法と、「隠蔽」というネガティヴ（否定的・消極的）な方法がある（正村 一九九五）。ちょうどコインの「表」が「裏の裏」であるように、「肯定」は「否定の否定」である。表現すべき内容に反する内容（第一の否定）を表現しないこと（第二の否定）は、表現すべき内容を表現することと機能的に等価である。例えば、「A以外のものを隠蔽する」ことは「Aを表現する」ことに等しい。

通常、隠蔽は消極的な表現にとどまっているが、時として積極的な表現に転化しうる。その一例が、聖なるものの表現である。というのも、聖なるものは、俗なるものの背後に隠されているという形で表現されるからである。

例えば、ニューギニア東部高地で暮らしているバルヤ族のクワイマトニエという聖物は、目に見える具象的な存在だが、秘密の呪文と聖名を含み、その形や姿からは用途や機能を推し量ることはできない。内部に何があるのかは、バルヤ族の成員にも知られていないし、知ってはならないのである(Godelier 1996)。具象的な物は、自らの背後に何かを隠していることを表現するかぎりで、記号的価値を獲得する。具象的な物の背後に隠された何かが、聖なるものとして表現されるのである。

次に第二は、概念のレベルではなく、論理のレベルで否定の性質を逆手にとって表現する方法である。

表現したい選択肢が二つしかない場合には、二つの表現方法は完全に重なる。例えば、選択肢がAとBの二つしかなければ、Bでない選択肢は必然的にAなので、「Aを表現する」ことと「Bを隠蔽する」ことは一致する。しかし、選択肢が無数にある場合には、二つの方法は完全には重ならない。Bであることを隠蔽し、非Bであることを表現しても、Aであるとは限らず、C、D、E、F……であるかもしれない。ネガティヴな表現形式としての隠蔽は、ポジティヴな表現形式に比べて規定力が弱いのである。だが、そのことを逆に利用することができる。

キリスト教には、肯定神学と否定神学という二つの対照的な立場がある。キリスト教の神は、自らの内にあらゆるものを包含した無限の存在である。こうした神の無限性を証明する際に、肯定神学は

「神が無限な存在である」ことを示す肯定的な命題で神の無限性を語ろうとする。しかし、人間の知は限界づけられており、「無限」という概念も「有限」から区別された有限な概念でしかない。それゆえ、「神は無限の存在である」と語った途端、神も限界づけられてしまう。そこで、否定神学は、神の無限性を示すために「神は……ではない」という否定的形式を利用する。有限性を仮想した上で、それを否定する操作を積み重ねることによって、神の無限性を浮かび上がらせるのである。こうして、神の無限性という聖なる性質を表現するために否定の論理が使われる。

さて、第三の方法であるが、この場合には「死と再生」という否定の論理に基づいて聖なる力が発現される。第一の方法や第二の方法と違って、これは実践的な性格を帯びている。現世的な生に対する否定として死がもたらされた上で、その死の否定として聖なるものが再生される。この否定の論理に依拠した儀礼が供犠にほかならない。

供犠論の古典である『供犠』（一八九九年）を著したマルセル・モース（一八七二―一九五〇年）とアンリ・ユベール（一八七二―一九二七年）によれば、供犠というのは、神に対する供物を破壊した上で聖なる性質を解き放ち、儀礼に関わる主体（祭主、祭司、共同体の構成員）の性質を変化させる儀礼である（Mauss et Hubert 1899）。供犠を通して、聖なる世界と俗なる世界の間の伝達が可能になる。この伝達には、俗なる世界から聖なる世界への伝達としての「聖化」と、聖なる世界から俗なる世界への伝達としての「脱聖化」という二つの側面があるが、いずれの伝達も供物に媒介される。

儀礼は聖なる場所で聖なる時に行われるが、それを執行するのが祭主や祭司である。祭主や祭司は儀礼を通じて供物を神に捧げる。供物は、動物であれ植物であれ、破壊されなければならない。供物の破壊は死を意味するが、ただの死ではない。供物の「死はフェニクス〔不死鳥〕の死であって、聖なるものとなって再生したのである」（ibid.／四二頁）。

　そして、聖なるものとして再生した供物は祭主や祭司に食され、聖なる性質が彼らに伝達される。祭主や祭司は、聖化の過程では供物との物理的接触を通じて彼らの人格の一部が犠牲獣に転移するが、脱聖化の過程では供物を食することによって聖なる性質が彼らに転移する。さらに、供物が共同体の他の構成員にも食されることによって、共同体の性質が変化する。共同体の構成員による供物の会食を通じて、共同体としての結束がはかられるのである。

　こうして、供物（犠牲獣）の「死と再生」を通じて発生した聖なる力が「聖なる世界と俗なる世界」を媒介し、さらには「人と人の関係」を媒介する。供物に内在する聖なる力は、祭主や祭司を介して共同体全体に浸透し、共同体の秩序を再生産するのである。

　供犠を理解する上で重要なのは、祭主、祭司、供物（犠牲獣）は儀礼が始まる前から聖なる性質を十分に帯びていたわけではない、ということである。「そうした特性を付与するのはむしろ供犠そのものなのである」（ibid.／一〇四頁）。聖なる力という世俗を超越した力が世俗の世界の中に現れたのは、供物という世俗の存在に対して「死と再生」という二重の否定が加わったからである。この否定の論理を働かせた宗教儀礼が供犠にほかならない。

　供犠において、聖なる力を宿す本来の対象は祭主や祭司であり、祭主や祭司こそ聖なる力を獲得しなければならない。だが、生身の人間に「死と再生」の論理を直接適用するわけにはいかない。そこで、祭主や祭司は儀礼の間、供物と物理的接触を保ち、供物と象徴的に一体化する。その結果、供物の「死と再生」が祭主や祭司の「死と再生」に転化されるのである。

供犠はすべての社会に存在していたわけではないが、世界各地に見られた一般的な現象である。王権の起源を研究したジェームズ・フレイザー（一八五四―一九四一年）は、世界各地の王が呪術師から発展し、呪術師から脱却したあとも供犠を執行する祭司的役割を担っていたことを明らかにしている（Frazer 1968）。この聖なる力こそ、権力の原初形態である。ジャワの事例に限らず、古代社会における支配者は、祭司的役割を通じて聖なる力としての権力を獲得した。直接民主政を採用した都市国家アテナイで行われていたのも供犠であった。

このように供犠は、社会の統治に必要な権力を人為的に創出しながら、社会の構成員に対してその人為性を覆い隠している。客観的には自己組織的でありながら、主観的にはその事実が否定されているのである。人間が自らの手で社会を創りながら、その事実を否定しているという意味で、供犠による秩序形成は「自己否定的な自己組織化様式」だと言える。供物を殺害して血と肉を分け合うふるまいは、後世の人間の目には異様に映るが、このような社会こそが人間社会の本源的な形態なのである。

人間社会を考える上で供犠の重要性は、それだけにとどまらない。というのも、権力だけでなく、貨幣の原初的形態も供犠の中に見出されるからである。民主政を樹立する以前のギリシア社会は、軍事共同体であると同時に、特定の血統を受け継いだ貴族が祭司的役割を担う祭司共同体でもあった。供犠が執り行われる際、最も重要な供物として神々に捧げられたのが「聖なる牛」だが、聖なる牛は貨幣の原初的形態でもあった。

原始貨幣を研究したベルンハルト・ラウム（一八八四―一九七四年）によれば、紀元前八〜前七世紀のギリシア社会で原始貨幣として機能していたのは聖なる牛であり、聖なる牛は、基本食糧、武器のための金属、花瓶、女、戦利品、奴隷、家畜など、さまざまな供物の価値を評価する計算貨幣だった（Laum 1924（2006））。貨幣は最初から商品市場の中で働く交換媒体として存在していたわけではない。原始貨幣は、供物の価値を評価する計算貨幣だった。詳しくは別稿（正村 二〇一四）に譲るが、原始貨幣が供犠の中に登場するということは、権力と貨幣が同一の歴史的な起源をもっていることを示唆している。権力と貨幣は、どちらも神と人間を媒介することで人間と人間を媒介するメディアだったのである。

話を元に戻すと、ギリシア社会では、紀元前八世紀から紀元前五世紀に至る間に、大規模な植民活動によって海上交易の範域が拡大し、貨幣経済や商工業が発展した。ある意味で、西欧の近代化にも似た社会変化によって、貴族政は僭主政という一種の独裁政を経て民主政へ移行した。しかし、それでも供犠の慣習は残り、祭司共同体という性格を払拭することはできなかった。誇張して言えば、それまで祭司的役割を担っていた貴族層に代わって、すべての市民が祭司的役割を担ったのが古代ギリシアの直接民主政であった。すべての市民が政治に参加したものの、神からの人間の自律が成し遂げられたわけではなかったのである。

一方、供犠の痕跡をより明瞭に残していたのがキリスト教である。犠牲獣は祭主や祭司の身代わり的な存在だったが、キリスト教の場合、「死と再生」の対象となったのはイエスその人である。人としてのイエスは人類の罪を背負い、人類の身代わりとして犠牲に供されたが、殺害された三日後に神として復活した。ここでも死と再生の論理が働いている。供物と同様、イエスも神と人を媒介することで人と人を媒介する。聖餐式の中でキリスト教徒はホスティア（パン）を口にすることでイエスと一体化するが、イエスの肉を象徴する「ホスティア（聖体）」の原義は「生け贄、供物」である。

ユダヤ教から発展したキリスト教は、死と再生という供犠の形式を継承し、「神と人」、「人と人」の媒介という宗教的構造を堅持している。もちろん、このことはキリスト教が原始的な宗教にとどまっていたことを意味しない。キリスト教は供犠の形式を内包しつつ、その機能と意味を根本的に変化させた。その歴史的意義は、ユダヤ教の閉鎖性を打破し、普遍主義的な宗教へ脱皮したことにあるばかりではない。これから説明するように、自己否定的な自己組織化様式を否定し、近代民主主義を準備する上で、キリスト教は少なからぬ役割を果たしたのである。

では、キリスト教に支配された西欧中世社会の中で、近代民主主義はどのように胚胎したのだろうか。

2　西欧中世における王権観念の変遷

古代ギリシアが超えられなかった限界を西欧中世社会が突破できたのはなぜか。その謎を解く上で重要な手がかりを与えてくれるのが、エルンスト・カントロヴィッチ（一八九五―一九六三年）の『王の二つの身体』（一九五七年）である（Kantorowicz 1957）。

中世における王権表象の歴史的研究を行ったカントロヴィッチは、絶対主義時代の王が生身の王にそなわる可視的な「自然的身体」と、政治組織を象徴する不可視の「政治的身体」という二重性を帯びていることに着目し、それが中世における王権表象の変容の帰結であることを明らかにした。そして、中世における王権表象の変容を「キリストを中心とする王権」、「法を中心とする王権」、「政体を中心とする王権」、「人間を中心とする王権」という四つの段階に区分した。

カントロヴィッチによれば、一二世紀以前の王は、司教と同様に「キリストの似姿」、「キリストの模倣者」、「神の可視的な代理者」として認識されていた（「キリストを中心とする王権」）。王は天上と地上の媒介者であり、王権は神に由来する権力とみなされていた。

原型たる神と神の可視的な代理者とは、大いなる類似を示すものとして理解され、相互に相手を映し出すものと想定されていた。そして、無名者によれば、永遠に聖別された者と、地上におけるその対型であり時間のなかで聖別された者との間には――本質的ではあるが――おそらく唯一の相違しか存在しない。すなわち、キリストは、まさに彼の自然〔本性〕それ自体によって王であり〈クリストゥス〉であるのに対して、地上における彼の代理者は、恩寵によってのみ王であり〈クリストゥス〉なのである。（ibid.／(上)九三―九四頁。〔　〕は訳者による注）

神の権力が自然によるのに対して、王の権力は恩寵によるが、両者の権力の本質は同等だと考えられていた。つまり、王の権力は、他の社会にも見られた聖なる力として現象していたのである。

ところが、一二世紀頃から「王＝司祭」という典礼的な王権観念からの離脱が始まり、神政論的・法学的な王権観念が現れてきた（「法を中心とする王権」）。この段階でも先の典礼的な王権を特徴づけていた超越的な価値が失われたわけではないが、王権は法学的枠組みの中で解釈されるようになった。王の戴冠は相変わらず旧約聖書にある塗油の儀式に従ったが、王の聖性は聖油の効力から生まれるのではなく、法に由来するようになったのである。

正義や法の観念と結びついた王は「正義の父にして子」、「法から解放されていると同時に法に拘束されている」という二重性を帯びた。この二重性は、世俗の支配者が神の定めた神法や自然法に対しては「法の下僕」であるが、人の定めた人定法に対しては「法の主人」である、と解釈された。

さらに一四世紀になると、法学的な国家観念に団体論的な国家観念が付け加わった（「政体を中心とする王権」）。団体の観念が発達する中で、王は国家という団体の長として認識された。王と王国は頭と身体に喩えられ、王は「王国の頭」、王国は「王の身体」として位置づけられたのである。そして、「王国の頭」である王は「王国の身体」である人民との関係の中で規定されるようになった。例えば、一五世紀のイギリス立憲政治に大きく貢献したジョン・フォーテスキュー（一三九四―一四八〇年）は、イングランドの統治を王と人民による支配と捉えた上で、両者の関係を次のように説明した。

ちょうど自然的身体が一つの頭により規律されて胎児から成長していくように、王国も人民から生成するのであり、この王国は頭たる一人の人間により統治された〈神秘体〉として存在する。

（ibid.／(上)二九〇頁）

さらに一四世紀後半になると、自律的な人間社会に立脚した王権観念が出現してきた（「人間を中心とする王権」）。各段階の王権観念は、それぞれある程度の重複をともないながら交替してきたが、最後に人間社会の自律が唱えられるようになったのである。カントロヴィッチは、そうした王権観念を詩人にして政治哲学者でもあったダンテ・アリギエーリ（一二六五―一三二一年）の思想の中に見出している。

『帝政論』（一三一〇―一三年頃）の中で、ダンテは教皇と皇帝がともに神によって確立された制度であることを認めつつ、教皇職と皇帝職がそれぞれ神的基準（神性）と人間的基準（人間性）という別の基準に従っており、キリスト教徒たる領域から独立した人間性の領域があることを主張した。「〈人間性〉の領域は、ダンテの哲学体系のなかで、〈キリスト教徒たること〉の領域から根本的に分離され、人間社会の自律的権利が――これは教会による祝福に依存しているものの――力強く説かれている」（ibid.／(下)二四〇頁）。ダンテは、それまで霊魂に結びつけられていた理性を霊魂から切り離し、理性の力を用いて非キリスト教徒をも含む全世界的な人間社会を統合しようと試みたのである。

こうして、西欧中世社会は「王＝司祭」という王権観念からスタートし、法や団体の理論に媒介されながら、最終的には人間を中心に据える王権観念へと移行した。絶対主義時代の王権は、王権神授説を唱えたとはいえ、王を「キリストの似姿」とみなした一二世紀以前の王権と同じではない。王は神に従属しつつも、国家という団体の長として君臨した。自然的身体と政治的身体という王の身体の二重性は、このような歴史的背景の上に成立したのである。

ところで、カントロヴィッチの議論は、王権表象という観念の次元で展開されており、王権表象の変容をもたらした社会構造の変化には、ほとんど言及していない。近代民主主義の成り立ちを理解するには、中世に起こった社会構造の変化を知る必要がある。その際、特に注目したいのが聖界と俗界の関係である。カントロヴィッチは「政体を中心とする王権」に関する説明の中で教会と国家の「無限の交錯・交換」に言及しているが、この論点こそ西欧中世社会で生じた変化のプロセス全体を理解するための鍵となる。

カントロヴィッチによれば、この交換は、まず聖俗それぞれの支配者個人のレベルで行われ、教皇権が皇帝権のような外観を呈したり、王権が聖職的な様相を帯びたりしたが、のちには教会と国家という集合的レベルでも成立した。その一例が「神秘体（corpus mysticum）」という概念の意味的変容である。

この概念は元来、イエスの体であるホスティアを意味したが、一二世紀以降、ホスティアによって統合される教会を指すようになった。教会が「キリストの体（corpus Christi）」であるという観念は古くから存在したが、教会を「神秘体」として捉えたのは、当時進行していた教会の世俗化に歯止めをかけ、教会の聖性を維持するためである。ところが、「神秘体」という言葉が教会を指すようになると、この言葉は国家をも指すようになった。教会が「キリストを頭とする神秘的な団体」であるように、国家も「王を頭とする神秘的な団体」である、と解釈されたのである。

近代民主主義は「政治と宗教」、「聖界と俗界」の分離を前提にしているが、カントロヴィッチの指摘は、西欧中世社会では聖界と俗界が分離しただけでなく、聖界と俗界の間に相互浸透的な関係があったことを示唆している。このことは近代民主主義の形成において、どのような意味をもっているのか。この点に着目しながら、西欧中世社会の歴史的変化を跡づけてみよう。

3　封建制とキリスト教

西欧中世社会は、主君と家臣の双務的な契約関係から成る封建社会だった。家臣は主君に忠誠を誓い、軍役奉仕する代わりに、主君は家臣に一定の土地の保有権を保障した。主君と家臣の関係は支配／服従的な関係であるとはいえ、一対一の双務的な契約を基礎にしている。「家臣の家臣は家臣にあらず」と言われるように、主君にとって家臣の家臣は自分の家臣であるとは限らない。また、主君と家臣の関係は個人的な関係であるため、一方が死亡すれば、契約は解消される。皇帝（国王）から諸侯、騎士、村の領主に至る垂直的な関係が形成されたが、この支配・被支配関係は個別的な契約が積み重なった人的結合の連鎖にすぎなかった。

西欧の封建制が個人間の契約関係を基礎にしていたことから、論者によっては、その点に近代的意義を見出す者もいる。例えば、ヴァルター・ウルマン（一九一〇―八三年）は、権力の源泉を神に求める神政君主的な政府観から、権力の源泉を人民に求める主権在民的な政府観に移行する上で、封建制に内在する契約関係を重視し、「個人の権利と義務を認める後世の理論が出現するのを可能にする強力な踏台を、封建契約が提供したといっても、なにも大袈裟なことではありません」（Ullmann

1966／一三七頁）と述べている。

たしかに、西欧の封建制は、氏族的な血縁関係に基づく中国の封建制とは違い、個人間の契約に立脚している点で近代社会を準備する面をもっていた。しかし、そこには近代社会を形成する上で肝心なものが欠落していた。それが公私の二元的構造である。

封建関係は主君と家臣の人格的結合であるため、公私は未分化だった。封建社会は大きく前期と後期に分けられるが、特に前期においては、空間的な領域性と時間的な永続性をそなえた公権力は存在していなかった。物理的暴力を独占する近代国家では、犯罪者に対する処罰は国家のみに許され、個人的復讐は禁じられているが、中世前期にはフェーデ（私闘）と自力救済が容認されていた。それは、暴力を広域的に統制するだけの公権力が存在していなかったからである。

中世社会が近代社会に移行するには、人的支配が領域的支配に転換され、公私の二元的構造が確立されなければならなかった。この変化は、後述するように、さまざまな要因に支えられていたが、とりわけ重要な役割を果たしたのがキリスト教の存在だった。「カトリック」が「普遍」を意味しているように、カトリック教会はキリスト教的理念に基づいて世界の普遍的な統合を目指した。普遍主義的な志向をもつキリスト教は個別主義的な原理に立脚した封建制とは対照的であるが、西欧中世社会は、この二つの原理をいわば「車の両輪」とする社会であった。

近代以前の社会は、多かれ少なかれ聖俗二元論に立脚しており、西欧中世社会もその例外ではなかったが、そこでは聖権と俗権という二つの権威＝権力が並び立った。この体制を「聖俗二元体制」と呼ぶなら、西欧中世社会の発展は、これから述べるように、聖俗二元体制が形成された上で（中世前期）、聖権と俗権、教会と国家の間に、カントロヴィッチの言う「無限の交換」が行われる過程として展開されていくことになる（中世後期の前期と中世後期の後期）。

4　中世前期――聖俗二元体制の形成

西欧社会において聖俗が分離したのは、歴史的偶然によるところが大きい。四世紀後半から始まったゲルマン民族の大移動によってローマ帝国は東西に分裂し、五世紀に西ローマ帝国は滅亡した。帝国領内に侵入したゲルマン民族は、その地に数多くのゲルマン国家を建設したが、大半は短命に終わった。そうした中で、メロヴィング家のクローヴィス（四六六頃―五一一年）によって創建されたフランク王国は、九世紀まで存続し、西ヨーロッパ世界の形成に多大な影響を及ぼした。

他のゲルマン諸国がキリスト教内で異端とされたアリウス派キリスト教を受け入れたのに対して、クローヴィスは正統アタナシウス派に改宗した。そして、ローマ・カトリック教会と連携し、パリを中心にガリア地域のほぼ全域を支配下に置くことに成功した。とはいえ、王国の統一はクローヴィス個人の政治的・軍事的な資質に負うており、おまけにフランク王国（メロヴィング家）は分割相続を採用していたため、クローヴィスの死後、王国は分裂と内乱を繰り返した。八世紀にカロリング家のカール（七四二―八一四年）がフランク王国を再び統一すると、ローマ教会はカールをローマ皇帝として戴冠させ（八〇〇年）、西ローマ帝国を復活させた。

西ローマ帝国は形ばかりの存在だったが、ローマ教会には西ローマ帝国を復活させる特別な理由が存在した。四世紀末にキリスト教がローマ帝国の国教となって以来、ローマ帝国の首都に位置していたローマ教会は、キリスト十二使徒の筆頭ペテロによって創建されたという教会起源説に依拠して、他の有力教会に対する首位性を保ってきた。しかし、ローマ帝国の首都がローマからコンスタンティノープルに移り、さらに西ローマ帝国が滅亡したことによって、教会の首位性をめぐってコンスタンティノープル教会とローマ教会の対立が起こった。

ビザンツ帝国（東ローマ帝国）の皇帝も、ローマ帝国の伝統に倣って東西両教会を統治しようとしたが、ローマ教会はそれを拒否した。両教会の対立は、偶像崇拝論争をきっかけに決定的になった。ビザンツ帝国の皇帝レオン三世（六七五頃—七四一年）が聖像禁止令を発布すると、ローマ教会はビザンツ帝国とコンスタンティノープル教会に対抗しうる政治的な後ろ盾を必要とした。一方、フランク王国も広大な領土を統治する上でローマ教会の権威を欲していた。ここにローマ教会とフランク王国の利害が一致して、西ローマ帝国が復活する。

フランク王国は、カール大帝の時代に広域的な統治体制を築いたとはいえ、依然として交通・通信システム、貨幣経済、官僚機構が未発達だったため、その統治体制は個人的支配の域を出るものではなかった。カール大帝の死後、フランク王国は急速に衰え、西フランク王国、東フランク王国、ロタールの国（イタリアを含む）に分裂した。さらにロタールの国は、イタリアを除いて西フランク王国と東フランク王国に割譲された結果、今のフランス（西フランク王国）、ドイツ（東フランク王国）、イタリアの国境にほぼ相当する地域的な分割ができあがった。

ちなみに、東フランク王国では、カロリング家が断絶したあと、ザクセン家出身の国王オットー一世（九一二―九七三年）がイタリア遠征を行ってイタリア王となり、九六二年にローマ教皇ヨハネス一二世（九三七―九六四年）からローマ皇帝の冠を授けられて皇帝となった。ここに、ドイツとイタリアにまたがる神聖ローマ帝国が誕生した。

こうして、西ヨーロッパでは、ローマ教皇に象徴される聖権と、国王や皇帝に象徴される俗権が並び立つ聖俗二元体制が誕生した。ここから西ヨーロッパは独自の道を歩み始めることになる。ただし、この段階で聖界と俗界が明確に分離されたわけではない。ローマ帝国の伝統を引き継いだビザンツ皇帝だけでなく、西ローマ帝国（フランク王国）のカール大帝、さらにはフランク王国の分裂後に誕生した神聖ローマ帝国（ドイツ王国）の皇帝オットー一世も、その政治は多分に神政政治的な性格を帯びていた。

彼らは旧約聖書にある塗油の儀式を通じて神聖な権威を付与されただけでなく、各地の司教を任命し、教会会議を招集して司教を統轄した。当時、ローマ教会は各地の教会を自らの傘下に入れるだけの統制力をもっておらず、聖職者の叙任・罷免の権利を握っていたのは、教皇ではなく、世俗の権力者だった。領主（国王や皇帝を含む）が領内に教会や修道院を建てると、領主は司教や修道士を支配下に置き、そこから経済的利益を得ていた（私有教会制）。聖職の売買と聖職者の結婚は日常茶飯事で、聖職者が世俗的な生活を送る一方で、世俗権力は司祭的な性格を帯びていたのである。

しかも、フランク王国や神聖ローマ帝国は、ローマ帝国と違って「首都なき王国」であった。宮廷とともに国内各地を遍歴する王は、巡幸を通じて地方の高官や豪族との主従関係を維持するとともに、民衆に対して自らの神聖さを顕示した。民衆は、王には病気を癒やし、奇跡を起こす力があると信じており、王自らが姿を現すことで幸福を分け与えてくれることを期待した（Schulze 2011）。カントロヴィッチが「王＝司祭」として位置づけた王権の段階というのは、このような状況を指していたのである。

5　中世後期——教会の国家化と国家の教会化(1)

フランク王国の分裂は、九世紀から二度目の異民族の侵入を受けていっそう深まったが、この時期を経て、中世社会は新たな段階を迎える。一〇世紀頃から、世俗にまみれた聖界を改革する気運が高まったのである。

その動きは、クリュニー修道院による修道士の規律刷新運動から始まり、やがて教皇庁の内部改革へと発展した。クリュニー修道院出身の枢機卿ヒルデブラント（一〇二〇頃—八五年）がグレゴリウス七世として教皇に即位すると、彼は世俗権力による聖職者任命を聖職売買とした上で聖職売買と妻帯を禁止し、俗権に対する教皇権の優位を主張した（グレゴリウス改革）。

この改革を機に、教皇と皇帝（国王）の間で聖職叙任権闘争が起こった。「カノッサの屈辱」と呼ばれる有名な事件はその過程で発生したが、聖職叙任権闘争は、一一二二年、神聖ローマ皇帝（ドイツ国王）のハインリヒ五世（一〇八一—一一二五年）とローマ教皇カリストゥス二世（一〇六五頃—一一二四年）の間で交わされたヴォルムス協約で、いちおうの決着がはかられた。その結果、聖職者の叙任権の授与は教皇の役割、そして教会の土地所有などの権利の授与は皇帝の役割となる。この協約は妥協の産物だったが、それでも聖界と俗界の分離が進んだ。ここに、教皇と皇帝（国王）を頂点に戴く聖俗二元体制が確立されたのである。

グレゴリウス改革からヴォルムス協約に至る一連の動きは、聖俗分離をもたらしただけではない。というのも、聖職叙任権闘争は、権力の正当性に関する根源的な問いを発生させたからである。聖職叙任権を剝奪されて宗教的な統制力を失った王は、もはや「王にして司祭」、「キリストの似姿」、「神の可視的な代理者」ではありえない。王権は別の形で正当化されなければならなかった。カントロヴィッチの言う「法を中心とする王権」の段階は、ここから始まると言ってよい。

しかも、権力様式の再編は王権に固有の問題ではなかった。聖俗の関係の変化は、教皇権力のあり方を見直す契機にもなった。当時、教皇と王の関係に関しては、「この世は、ともに神に由来する教皇の権威と王の権力によって統治される」という五世紀末の教皇ゲラシウス一世（生年不明—四九六年）の「両剣論」が広く知られていた。両剣論は『ルカによる福音書』二二・三八の一節「主よ、剣なら、この通りここに二振りあります」に由来するが、その意味に関してはさまざまな解釈が存在した。カロリング時代以降、一般的な理解になってきたのは、「神の聖なる普遍教会」を「キリストの体」に喩え、「キリストの体」の中に司祭職と王職が並存する、という考え方である。王を教会の中に組み込んだこの考え方は、「王にして祭司」という王の性格と対応していた（渕　一九八五）。

しかし、グレゴリウス改革以後、「キリストの体」は聖職者の総体としての普遍教会を指すようになり、キリスト教徒の総体であるキリスト教世界から区別された。その上で、普遍教会もキリスト教世界もローマ教会（教皇）のもとに統一されると考えられた。つまり、キリスト教教会とキリスト教世界を区別した上で、両者に対するローマ教会（教皇権）の首位性が唱えられたのである。

その際、教皇の首位性は、法を根拠にして主張された。グレゴリウス七世の「教皇訓令書」には、「ローマ教皇は皇帝を退位させることができる」（第一二条）、「ローマ教皇は誰によっても裁かれない」（第一九条）、「ローマ教皇だけが時代の必要に応じて新しい法律を作ることが許される」（第七条）といった条項が盛り込まれている。教皇には法制定権まで認められたのである。

西欧中世において「普通法（ユス・コムーネ）」となったのは、ローマ法と教会法（カノン法）であるが、ローマ法が再発見され、教会法の内実が大きく変化したのも、聖職叙任権闘争の時代だった。それ以後、聖俗の支配者は、ともに法に依拠しながら自らの権力を拡大させていくが、ローマ法の継受に真っ先に取り組んだのは教会であった。というのも、王権にはローマ法という、ローマ帝国（普遍国家）の法を適用できるだけの現実がそなわっていなかったからである。これに対して、ローマ教会は最初からキリスト教世界という普遍的世界の構築を目指しており、ローマ法はその土台を提供したのである。

紀元前五世紀の十二表法からスタートしたローマ法は、共和政から帝政へというローマ社会の変化とともに発展し、紀元六世紀に古代ローマ帝国最後の皇帝ユスティニアヌス（四八三―五六五年）のもとで『ユスティニアヌス法典』（『ローマ法大全』）が編纂された。ローマ帝国分裂後の東ローマ帝国（ビザンツ帝国）では、このローマ法が法制度や法実務の基礎として機能したが、西ヨーロッパで知られていたローマ法は、『ユスティニアヌス法典』ではなく、ローマ卑俗法という、西ローマ帝国後にゲルマン化した法だった。西ヨーロッパで法として実効性をもっていたのは、各地域に根づいた慣習法としてのゲルマン法だったのである。

そのため、中世の裁判と法は、問題や法廷ごとに多様な形態をとっていた。教会裁判所が婚姻や法的身分といった問題に教会法を適用する一方で、封建領主派の法廷は土地所有の問題に封建法を適用する、といったように、適用される法が異なっていたのである。もっとも、『ユスティニアヌス法典』が再発見されたあとも、ローマ法は教会法とは違って、裁判において単独で適用されることはなく、他の法では解決できない場合に用いられた。ローマ法が名実ともに普通法としての地位を確立するのは、一五世紀のことである。

とはいえ、一一～一三世紀には「注釈学派」と呼ばれる人々が登場し、ローマ法に注釈を加える作業が行われた。彼らの中には世俗の法律家も含まれていたが、多くは聖職者だった。彼らは『ユスティニアヌス法典』を聖書に匹敵する神聖なものとみなし、スコラ学的な方法に基づいて解釈した。さらに一三～一六世紀には、「注解学派」と呼ばれる人々が現れ、当時の社会情勢に合わせて『ユスティニアヌス法典』の法原理を推論したり、ローマ法と他の法との関連を説明したりした。注釈学派や注解学派の努力によって、ローマ法は他の法に対して概念枠組みや普遍的な法文の解釈原則を提供するようになったのである（Stein 1996）。

ここで注目すべきは、ローマ法の影響がまず教会法に及び、教会法を通じて他の法に浸透していったということである。聖職叙任権闘争以前の教会法は、『ユスティニアヌス法典』に相当するような権威ある法典を欠いており、「聖書の言説、公会議決議、教父の見解、教皇の決定（教令）、ローマ法の断片」の寄せ集めにすぎなかった。しかし、一二世紀半ばにイタリアの修道士ヨハンネス・グラティアヌス（一一〇〇頃―五〇年頃）が『矛盾するカノンの調和』――通称『グラティアヌス教令集』――を出版したことで劇的な変化が生じた。というのも、この作品が教会法の体系的な法源となったからである。

そして、ローマ法に対して注釈学派が行ったように、ローマ法学の影響を受けた人々――彼らは「教令集学派」と呼ばれた――は『グラティアヌス教令集』に内在する法文相互の矛盾を解決するような注釈を加えたり、全体の理解を容易にするための解説を施したりした。その結果、教会法は「ゲルマン的教会法」から「古典的カノン法」に移行した。教皇令が公会議決議と同等の法的地位を獲得するとともに、公会議の開催権や決議の認証権も教皇に帰属させられた。ローマ教皇の発する教皇令がそのまま教会法となる道が開かれたのである（山内 二〇〇四）。

さらに、一三世紀前半に『グレゴリウス九世教皇令集』という最初の包括的な公的教皇令集が公布されたのを機に、さまざまな教皇令集の注釈と集成が進められた。それを行ったのが「教皇令集学派」である。教令集学派や教皇令集学派による教会法の整備と教皇の権威づけによって教皇権力が強化されたが、法に基づく教皇権力の強化は聖界の世俗化を意味していた。

教皇権は一三世紀に絶頂期を迎える。ローマ教会は、かつて東ローマ帝国から独立する際に、ローマ帝国の皇帝コンスタンティヌス一世（二七二―三三七年）がローマ教会に寄進して、ローマ教会による支配を認めたとされる「コンスタンティヌスの寄進状」――のちに偽文書と判明――を正当化の根拠として用いたが、その文書を再び持ち出して、今度は教皇権と帝権のつながりを主張したのである。

聖職叙任権闘争が起こる以前は、王が「キリストの似姿」、「神の可視的な代理者」であり、教皇はローマ教会を建立した「ペテロの代理人」とされていた。ところが、聖職叙任権闘争の頃から、教皇は古代ローマ帝国の皇帝儀礼を模倣した儀礼を行い、ローマ帝国の継承者であることを演出するようになる（甚野 二〇一三）。教皇権の絶頂期に即位した教皇インノケンティウス三世（一一六〇―一二一六年）は、「ペテロの代理人」という従来の呼称に代えて、自らを「神の代理人」と称した。

教皇権力は地上に唯一存在する神的なものとされたが、その教皇至上権の確立に貢献したのが教皇令集学派、中でもその代表的な理論家ホスティエンシス（一二〇〇頃―七一年）である。教皇令集学派が築いた教皇至上権の理論こそ、近代の主権概念や代表原理の源となるものだった。

将基面貴巳によれば、中世において「教皇至上権」と訳される“plenitudo potestatis”は、歴史的には五世紀の教皇レオ一世（三九〇―四六一年）の書簡の中に登場する言葉であり、そこでは「横溢する権力」を意味していた（将基面 二〇一三）。その書簡には「我々は貴兄に、権力が横溢する程度にまでではなく、責任の一部分を分担してもらう程度に、我々の権力を授与した」とある。その後、九世紀の教皇グレゴリウス四世（七九五頃―八四四年）が教皇と司教の権力関係を「横溢する権力」と「責任の一部分」と規定して以来、「横溢する権力」は教皇固有の権力を指すようになった。さらに、教会法に革命を起こしたグラティアヌスがこの概念を「いっさいについての原則上の裁判官に帰属する、あらゆる場所に適用される裁治権」と規定して法学的な概念となった。

その上で、ホスティエンシスは教皇が特別な状況において行使する例外的な権力を有すると考え、「横溢する権力」を、あらゆる人定法を超え、時には自然法や神法をも超えて法を制定しうる権力と定義した。この定義は、後述するように「主権者とは、例外状況に関して決定を下す者」というカール・シュミットの主権概念の定義と類似している。

ホスティエンシスは、教皇権力を定義するにあたって「通常の権力（potestas ordinata）」と「絶対的な権力（potestas absoluta）」を区別した。「通常の権力」とは教皇が教会法に基づいて行使する権力を指し、「絶対的な権力」とは教皇が非常事態において例外的に行使する権力を指している。ここからさらにホスティエンシスは、「通常の権力」を教皇の人間的権力、そして「絶対的な権力」を教皇の神的権力とした。非常事態で行使される「絶対的な権力」は、法に依拠した「通常の権力」とは違って、ひとえに「キリストの代理人」であるという教皇官職に基づいており、法の上に立っている。とはいえ、教皇権力の絶対性が無条件に許容されたわけではない。というのも、教皇が誤った決定を下す可能性が意識されたからである。

教皇が過ちを犯すか否かという問題は、すでに一二世紀の教会法学者の間で議論されていた。この問題に関しては、教皇が誤りを犯すことはないという「教皇不可謬性」の立場と、教皇の権威に疑義を呈することは原則上できないとしつつ、例外はあるという「教皇主権」の立場があったが、一二世紀から一三世紀にかけて教会法学者の多くは後者の立場に立った。このとき教皇権力を制限する理論として援用されたのが、団体理論・代表理論としての公会議主義である。

公会議主義運動が展開されたのは一四世紀後半以降であるが、その理論的な原則は一三世紀に教皇権力の制限という問題意識の中から提起された。例えば、教令集学派を代表するフグッチョ（生年不明―一二一〇年）は、個人としての教皇が過ちを犯すことを認めた上で、信徒の全体としての普遍的教会が誤まることはなく、教皇は普遍的教会およびその代表機関である公会議に従属するとした。

また、教皇権力の絶対化に力を注いだホスティエンシスも、教皇至上権は教皇の助言団体にして選出母体である枢機卿団（教皇を含む）に帰属するとした。彼は「擬制的人格」という、今で言う法人格に相当する概念を導入し、教皇至上権を有するのは個人としての教皇ではなく、擬制的人格としての教皇だと考えた。そして、教皇であれ司教であれ、団体としての意思決定を行う際には団体構成員の同意が必要だと主張した。

こうして、一二世紀から一三世紀にかけて、教会法のもとで教皇至上権が確立されたのである。この理論の社会的影響については後述するとして、この時期には教会の組織改革も進んだ（山辺 一九九五、甚野 二〇一三）。

第一に、枢機卿団が形成され、教皇庁の事務機構が整備された。枢機卿の役割はそれまで教皇の典礼を補佐することにあったが、教皇を選出する権限とともに、国王の破門、司教の選出といった重要問題に関して教皇に助言する役割も加わった。また、教皇の選出方法として多数決原理が採用された。多数決原理は近代民主主義の基本的な意思決定原理であるが、それを最初に取り入れたのは中世カトリック教会だった。

そして、一二世紀に入って教皇権威が高まり、教皇の裁可を求める訴訟が増えると、枢機卿は教皇とともに司法の職務に就いた。フグッチョもホスティエンシスも枢機卿であり、枢機卿は教会法やローマ法に精通している者が多かった。

さらに行政・財務の面でも、教皇庁機構の整備が進んだ。一三世紀には、文書行政の中枢機関である尚書院が教皇庁の独立部局となり、教皇庁の文書行政が飛躍的に発展した。教皇の発令書簡は、一二世紀末以降、とりわけ一三世紀のインノケンティウス三世の在位期に著しく増加したが、それは、文書行政の進展にともなって教会権力が西ヨーロッパ全体に浸透していったことを示唆している。また、財政面では、当時の教会は政治情勢の変化によって教会への献金や教皇領からの収入を安定的に確保することができなかったが、財政の安定的な管理をはかるために財務管理の基礎資料として上納金帳が作成された。

第二に、ローマ教会は教皇を頂点にして大司教、司教、司祭が続く階層的構造をなしているが、各地の司教や司祭が司牧の任にあたる司教管区体制や教区制度の整備も進んだ。枢機卿団は教皇を選出・補佐する団体だったが、司教座聖堂においても「司教座聖堂会参事会」という司教を選出・補佐する団体が形成された。司教の影響力は、司祭を介して管轄内の地区教会に浸透していった。

こうして、ローマ教会は法的・思想的な次元では教皇至上権を確立し、社会的・組織的な次元では階層的な教会組織を構築した。キリスト教は「神と人」の媒介を通じて「人と人」を結合する供犠の形式を継承しただけでなく、普遍化したのである。その結果、垂直的次元では教皇権力が階層的な教会組織を通じて底辺にまで浸透するとともに、水平的次元ではキリスト教の理念を共有する広域的な文化圏が形成された。その際、ローマ教会はローマ帝国を模倣し、ローマ法に依拠して古典的なカノン法を編纂した。西欧社会では一二世紀初頭に聖界と俗界が分離したが、その上で聖界の世俗化が進んだのである。

そして、聖界の中で起こった変化は、今度は俗界に反映された。聖界の俗界化（教会の国家化）に続いて、俗界の聖界化（国家の教会化）が起こったのである。一二世紀以降における封建社会の発展は、個別主義的な人的支配が普遍主義的な領域的支配に転換されていくプロセスでもあるが、そこで重要な役割を果たしたのも教会組織とキリスト教的理念だった。

時間を少し前に戻すと、一一世紀以前の西ヨーロッパでは、まだ農村共同体が成立していなかった。農民は散在しながら耕地の経営にあたっており、人々をつなぐ交通手段も未発達だった。しかし、周辺民族の侵入が続く中で、各地の領主は防御のための城壁を築き、城を拠点にした領地経営に乗り出した結果、農民は城塞の周辺に住むようになり、村の形態も散村から集村に変化した。

一一世紀に入ると、農村共同体が出現するとともに、フランスを中心に「バン領主制」と呼ばれる、城を中心にした領主支配が成立した。領主は自らの領地を経済的に支配するだけでなく、独自の裁判権と行政権を有していた。これらの権限は、外部権力による直接的な干渉を排除できる「インムニテート」（不輸不入権）としてあった。領主の支配が及ぶ範囲は狭かったが、それでもバン領主制は領地に対する一円的支配、すなわち領域的支配の始まりを告げるものであった。

各地にバン領主が誕生する中で、国王は各領主のインムニテートに阻《はば》まれて、直轄地以外の領土を直接支配することはできなかった。国王は、かつて聖職叙任権という一般の封建領主にはない特権を得ていたが、聖職叙任権闘争以後はその特権も失ってしまった。しかし、ここから王権が法と正義の理念を掲げて公権力を獲得していく過程が始まるのである。

フランク王国の解体と周辺民族の侵入によって社会が混乱する中で、平和的秩序の回復に先鞭をつけたのは「神の平和運動」を推進したクリュニー修道院だったが、その課題を引き継いだのが王権であった。宗教的権威に代わって王権の新たな権力手段となったのが裁判権である。三権分立が確立されていない中世では、裁判権は権力者による支配の道具でもあった。領主裁判権を侵害することは国王にも許されていなかったが、国王は国王裁判所を設置し、殺人事件のような重大事件に関して、領主裁判所から国王裁判所への控訴を通じて領主支配に間接的に介入するようになった。さらに民事事件では、訴訟当事者が国王裁判所に直訴する特別な手続きが整えられたことで、領主支配に直接介入する道も開かれた（Strayer 1970）。

一三世紀に入ると、各地で封建領主と農民との双務契約の内容を慣習法として成文化する動きが進んだが、そうした中で封建領主のインムニテートを打破して王権の拡大に役立ったのが、普通法としてのローマ法と教会法だった。王権はローマ法を取り入れた教会法をモデルにして、法に依拠した権力強化をはかったのである。

王権が法の遵守と正義の実現を理想に掲げたことは、法と裁判の意義を高めただけでなく、王権組織の再編をも促した。それまで王権は厳密な意味での官僚機構と自前の軍隊を保有しておらず、裁判事件を含む政治的案件は、国王と家臣で構成される宮廷会議で決定されていた。王権を支えていたのは家臣だが、家臣が国王に助言や助力を与えたり軍役を提供したりする義務は国王個人に向けられていた。しかも、軍役の期間は限られていた。当時「国庫」という公的観念が成立しなかったのも、王や家臣の財産が絶えず私有財産化する傾向を孕んでいたからである。王権が公権力となるためには、王権を内側から支える官僚機構が整備されなければならなかった。そうした動きが現れてくるのは一二世紀以降であり、その際、王権組織のモデルとなったのが教会組織である。

まず常設の組織として、国王裁判所の他に財務局と尚書部が設置された。国王の主な収入源は、王領としての土地、通行税、市場使用税、そして裁判で違反者に科せられた罰金であった。当時、一般的な課税は例外的にしか認められていなかったので、裁判からの利得は地方収入のかなりの部分を占めた。中世全体を通じて裁判行政と収益徴収は密接に関連し、専門化された裁判官の集団が現れた時ですら、裁判官はしばしば収益徴収官として任用されたのである。

国王裁判所と財務局は、中世国家を構成する二大支柱だったが、それらを統合・調整する役割を担ったのが文書業務を扱う尚書部である。この官庁は日常の行政業務を遂行するだけでなく、外部の脅威から内部を守るとともに裁判官と収益徴収官に命令を下す重大な責務を負っていた。その長は常に高位聖職者であり、一三世紀までは、ほとんどが司教だった。このポストが高位聖職者によって担われたのは、彼らが法に精通していただけでなく、ローマ教皇や外国諸公との交渉にあたったからである。また、一般の職員にも多くの聖職者があてられた。国王裁判所、財務府、尚書部は、教会で言えば、教会裁判所、財務局、尚書部に相当するが、教会運営を支えた技術も国家運営にとってモデル的な役割を果たしたのである。

こうして、聖職者を介して、教会法や教会組織のあり方が王権の内部に浸透していった。もっとも、一三世紀末になると、国家組織は国王個人の私的機関から区別され、高位聖職者や給地官僚に代わって俗人の現金給与官僚が現れた。軍事面でも家臣に代わって傭兵が活用され、家臣に対する国王の立場が強化された（江川・服部 一九九五）。官僚機構の整備にともなって王権が伸張しただけでなく、その権力機構は私的・個人的な性格を脱し始めたのである。

さらに、キリスト教やローマ教会が俗界に与えた影響は、法や王権の権力機構だけでなく、中世都市の形成にも及んだ。

近年の研究を通じて、中世都市に対する見方は大きく変化してきている。それによれば、中世都市には古代ローマ時代から存続していた司教座都市や、遠隔地商業の拠点となる大都市だけでなく、農村から発展した都市も数多く存在した。農村部では、一一世紀半ばから一三世紀までの間に城を核にした集村化が進むとともに、農業生産力の著しい増大と貨幣経済の発達によって、特定集落が周辺農村との結びつきを保ちながら都市へと成長した。

しかも、都市の誕生と発展は領主権力と必ずしも対立するものではなかった。都市領主に対して武力的な抵抗を示した都市はむしろ例外的で、国王をはじめ都市領主が計画的に建設した都市も数多く存在した。というのも、都市領主は都市民の安全を保障し、都市民に特許状を与える代わりに、都市民から市場税や通行税などを徴収することで、互いの利害が一致したからである。中世都市の「自治と自由」を語る上で有名なのは一一世紀後半から一二世紀にかけて生じたコミューン運動であるが、この運動も「神の平和運動」を背景にして発展したものであり、世俗権力からの独立というよりも都市の領域平和を目指す運動だった。

いずれにせよ、「自治と自由」という特権を獲得した中世都市は、都市民の水平的結合を基礎にした団体だった。都市では、誰でも一年と一日住むことで都市民になる資格が与えられた。商工業の拠点として市場と市壁を有し、固有の法と裁判所をそなえていた西欧の中世都市を東洋および古典古代の都市と比較したマックス・ウェーバーは、その固有性を市民の「誓約的・兄弟盟約的」な性格に求め、氏族的・呪術的な絆を断ち切る際に果たしたキリスト教の意義を重視した（Weber 1956）。

西欧の中世都市はギルド、ツンフトなど多様な団体を包含する団体だったが、特にキリスト教との関連が深かったのが兄弟団である。兄弟団は共通の守護聖人への帰依を通して結成された都市民の自発的な宗教団体であり、ヨーロッパ各地で形成された（河原 二〇〇九）。兄弟団の役割は、死者の供養や魂の救済から始まり、成員の相互扶助や貧者への援助といった慈善活動、さらには礼拝堂や橋の建設といった公共事業の遂行に至るまで、多岐にわたった。

帰依の対象となった守護聖人には、聖母マリア、聖霊、聖体、キリストの十二使徒などが含まれていたが、いずれの兄弟団もローマ教会から独立した宗教団体である。兄弟団は世俗の世界に属しているとはいえ、身分・職業・血縁を超えた団体であり、キリスト教的観念を媒介にして結成されている。ここに、俗界に及ぼしたキリスト教の影響を見て取ることができる。

兄弟団、ギルド、ツンフト、そして都市といった団体の形成は、公と私の分離に貢献した。オットー・ギールケ（一八四一―一九二一年）は、その著書『ドイツ団体法論』（一八六八年）の中で、都市の意義を次のように説明している。

我々の全ての今日の法と国家の理解は、中世の観方から、諸都市という媒介物をとおして初めて成長してきている。諸都市において、公法〔公的権利〕と私法〔私的権利〕の区別、および、前者〔公法〕の単一性と譲渡不可能性の承認が、実現され、〈全ての人々を平等に拘束するある法律の、短く言えば、ある国家の〉統一的な権力と行政の思想が、そもそも初めて、その本来的にドイツ的な形態において生み出され、そして、ここから初めて、ランデスヘル〔ラント君主〕の諸領国へと譲り渡された。後者〔私法〕の戦争制度、警察制度および財政制度は、まさに都市の諸制度の模範に従って発展させられた。(Gierke 1868／一〇頁。〔 〕は訳者による補足)

要するに、封建社会という個別主義的な原理に立脚した社会の中にキリスト教の普遍主義的な原理が浸透したことによって、垂直的次元では王権が公権力へと成長し、水平的次元では市民間の団体的結合が発展したのである。もちろん、公私の分離を推し進めた要因はキリスト教や法や団体だけではなく、貨幣も含まれる。

先に述べたように、権力と貨幣は共通の歴史的起源を有している。原始権力と原始貨幣は、いずれも「神と人」、「人と人」を結びつける媒介的な機能を担っていたが、その後、それぞれ政治的メディアと経済的メディアへと分化した。経済的メディアとなった貨幣は、西欧中世社会の発展のさまざまな局面に関わっている。王権が私的な宮廷組織に代わって給与官僚から成る官僚機構を整備したことも、傭兵を雇って軍隊を組織したことも、そして都市が商工業の拠点としてヨーロッパ各地に形成されたことも、貨幣経済の発達に支えられていた。貨幣経済の発達は、人間関係を人格的結合から非人格的結合に転換し、人的支配を領域的支配に移行させる上で、キリスト教に勝るとも劣らない役割を果たしたのである。

6　中世後期——教会の国家化と国家の教会化(2)

一二～一三世紀の西欧社会では、聖俗が分離された上で、聖界と俗界、教会と国家の相互浸透が起こったが、一四世紀以降にも同様のことが繰り返された。

国王と教皇は常に緊張関係を孕んでいたが、一四世紀に入るや否や、フランスで両者の対立が激化した。フランク王国が解体されたあと、イギリスやドイツ以上に分権化したフランスでは国王の権力が著しく弱体化したが、一二世紀後半から一三世紀前半にかけて在位したフィリップ二世（一一六五―一二二三年）の時代に、領主裁判権の制限、有給官僚制と傭兵軍隊の整備、都市への特権付与、王領地の拡大を通じて、急速に勢力が拡大した。そして、一四世紀初頭にフィリップ四世（一二六八―一三一四年）がさらなる王権強化をはかるために国内の聖職者に課税したことで、教皇絶対主義を唱えていた教皇ボニファティウス八世（一二三五―一三〇三年）と激突した。その結果、国王が全面的な勝利を収めた。フィリップ四世は、領主貴族、高位聖職者、都市の代表から成る身分制議会を招集し、国王に対する支持を取りつけて、アナーニに滞在していた教皇ボニファティウス八世を襲撃して、憤死させた（アナーニ事件）。さらに、フランス人枢機卿が教皇の座につくと、今度は教皇庁をローマからアヴィニョンに移転させたので、教皇庁はそれ以後、約七〇年にわたってアヴィニョンに置かれた（教皇のバビロン捕囚）。

一四世紀以降の西欧社会の歴史的過程は、アナーニ事件と教皇のバビロン捕囚に象徴されるように、一般に俗権の伸張および聖権の衰退として理解されてきた。しかし、それだけでは語れない面をもっている。

まずアヴィニョン庁時代に、教会の官僚機構は最高度の発達を遂げた(樺山 一九九五)。近代国家に最も近い中世の組織はカトリック教会だと言われているが、アヴィニョン庁こそ巨大な官僚制を実現した。教会が精神的次元を超えて物質的次元にまで支配の手を伸ばしていったのも一四世紀である。八世紀にカロリング朝の始祖ピピン三世(七一四―七六八年)が教皇に領地を寄進して以来、教皇は強大な封建領主でもあったが、一三世紀までは教皇領の統治はローマ市貴族や都市に委ねられていた。しかし、アヴィニョン庁時代に入ると、教会は教皇領の管理に自ら乗り出し、教皇領の拡大をはかったのである。

このことはイデオロギー的な側面からも裏づけられる。先に述べたように、カントロヴィッチは「政体(団体)を中心とする王権」を説明する際、「キリストの神秘体」という言葉が法的かつ団体論的な内容を獲得する一方で、世俗の国家が「国家の神秘体」として宗教的色彩を帯びるようになったと指摘した。この「キリストの神秘体」という言葉で教会を表現したのは、フィリップ四世によって憤死させられた教皇ボニファティウス八世である。彼は、勅書『ウナム・サンクタム』(『唯一の聖なる』)の中で、教会が「キリストを頭とする神秘体」であり、その代表である教皇が霊的権力と俗的権力のすべてを独占する、と主張したのである。

一三世紀の教皇絶対主義と違って、ここでは教会が聖俗両権を併せもつ団体とされ、教皇による聖俗両権の独占が目論まれている。このボニファティウスの考え方に影響を与えたのがアエギディウス・ロマヌス（一二四七頃―一三一六年）であり、彼はローマ法学の「支配権」概念を拡張解釈した。ローマ法学では「支配権」は、物に対する私的支配としての「所有権」のみを指し、人に対する公的支配としての「裁治権」を含んではいなかった。ところが、アエギディウスは所有権と裁治権の両方を含む概念として「支配権」を定義し、そこから教会の支配権を導き出したのである（将基面 二〇一三）。

教会は、こうした理論武装のもとで教皇絶対主義の強化をはかったが、この試みが時代錯誤だったことは火を見るよりも明らかである。一四世紀後半に教皇庁がローマに帰還すると、今度は「教会大分裂」という大波乱が起こった。イタリア人教皇の選出をきっかけに、イタリア系枢機卿団とフランス系枢機卿団がそれぞれローマとアヴィニョンで教皇を擁立したのである。この正真正銘の例外的状況の中で起こったのが、公会議主義運動である。

事態を収拾するため、公会議は教皇・公会議・教会の関係を次のように規定した。すなわち、(1)キリストから与えられた究極の権威は、教皇に属するのではなく、すべての信者を包含する団体である教会に属する。(2)すべての信者の代表から構成される公会議が至上権を有し、教皇の権威・権力に優越する。つまり、信者全体を代表する公会議が最高の権力をもつ、としたのである。

一四～一五世紀の聖界（教会）は、このように衰退の一途をたどったのではなく、以前にもまして世俗化されたのである。その中で、団体原理や代表原理という世俗社会を構成する原理が芽生えてきた。そして、聖界の中で生じたこの動きが聖界を超えて俗界にも反映され、団体原理や代表原理が俗界（国家）に浸透していったのである。

一四世紀に入って、西欧国家は封建国家から身分制国家に移行した。身分制国家というのは、貴族・聖職者・都市民の三身分から構成された身分制議会を支配機構の中に組み込んだ国家のことである。ここで興味深いのは、身分制議会の自生的な成立がカトリック文化圏に限られていた、ということである（Myers 1975）。身分制議会を構成する身分というのは、いずれも特権を付与された団体であり、一般的な意味での身分とは異なる。ここでも、特権身分を形成する際のモデルになったのは聖職者身分であり、高位の聖職者が中世の全国身分運動において指導的役割を果たした（Hintze 1931（1962））。

身分制議会が創設されたのは、ローマ教皇庁にとっては世俗権力を制限して教会の政治的影響力を維持するためであったが、王権にとっては、一三世紀以降、他国との戦争をはじめ、財政支出を迫られる緊急事態が続発して、課税に対する同意を取りつける必要が高まったからである。当時の国家は、通行税や市場税に関しては同意なしに徴収できたが、課税に関しては人々の同意を必要としたのである。

西ヨーロッパでは、古くから国王は臣下の意見を聞かなければならず、問題によっては臣下の同意を得なければならなかった。ゲルマン法には全員一致の原則で決定する伝統があったし、ローマ法にも「全体同意原理」（Q・O・T原理）、すなわち「すべての人々に関わることは、すべての人々によって承認されなければならない」という原則があった。こうした伝統や原則を踏まえてローマ教皇と教会公会議の関係を規定したのが一三世紀の教会法学者だったが、この全体同意原理が世俗の代表議会の招集や運営にも適用されたのである（Strayer 1970）。

フランスでは、フィリップ四世が一三〇二年に招集した三部会が最初の身分制議会となった。一方、早くから国内の集権化が進んだイギリスでは、一三世紀から身分制議会の形成に向かう動きが見られ、その過程でイギリス立憲史上の画期とされる「マグナ・カルタ（大憲章）」が発布された。当時の国王ジョン（一一六七―一二一六年）は数々の失政を重ねた挙げ句、慣習法を無視して全国に重税を課したことから、貴族や市民が立ち上がり、ジョン王に対して封建貴族や都市民のもつ封建的特権を再確認させたのである。その後も、ジョン王や次の国王ヘンリー三世（一二〇七―七二年）がマグナ・カルタを無視して貴族や市民との対立が続いたため、一三世紀末にイギリス議会の起源となる身分制議会が開催された。

一四世紀以降、イギリスやフランスに続いて、他の西ヨーロッパ諸国でも身分制国家が次々と誕生した。身分制議会は地方部会の形態をとることもあったが、全国三部会も開催された。全国三部会は、全国から集まった各身分の代表者から構成されていた。都市も団体だったが、身分は都市を超えた国家的レベルの団体である。三つの身分に分かれていたとはいえ、全国的な規模にまで水平的な関係が発展したのである。

こうして、封建国家から身分制国家に至る過程で、王権は二重の意味で質的な変容を遂げた。まず第一に、王権を支える組織は、私的な諮問機関にすぎなかった宮廷会議から、身分制議会という国民的な代表者から成る公的な審議機関に移行した。この変化は、諸侯の国政への参加が「国王個人への私的・封建的奉仕であった段階から、非個人的な国家への公的で国民的な奉仕に転換する過程であった」（城戸　一九八〇、一〇五頁）。つまり、王権が王という一大封建領主の私的権力から、国家という団体を統治する公権力へと転換したのである。

第二に、このこととも関連するが、身分制議会に代表原理が組み込まれたことによって、王権を正当化する根拠も変化した。身分制議会は、王権支配の一翼を担っていたとはいえ、団体構成員の同意を得るための機関であった。このことは、王権が団体構成員の全体的意志に拘束され、ひいては人民の意志に立脚する可能性を生み出した。一二世紀以前の王権が神という超越的な存在に基礎づけられていたのとは対照的に、「秩序の根源を政治的共同体自体のうちに求め、秩序を下から上に向って積み上げて行く傾向が強まって行くのである」(同書、八頁)。

つまり、身分制国家が形成される過程で、私的権力から公的権力への転換、そして神に由来する下降的権力から人民的意志に基づく上昇的権力への転換が進行したわけである。もっとも、この転換を過大評価するわけにはいかない。というのも、この転換が完遂されるのは一九世紀における国民国家の誕生を待たなければならないからである。身分制国家は、その転換の途上で現れた過渡的な国家だった。

以上のことから分かるように、聖界と俗界が分離した上で相互に浸透し合うという、一二〜一三世紀に始まった西欧中世社会のダイナミズムは、一四〜一五世紀にも貫徹された。ローマ帝国を模倣した教会は、ますます世俗化して物質的支配に乗り出す一方、聖界の中で生まれた団体原理・代表原理が俗界にも導入された。公会議主義運動が展開された聖界と身分制議会が形成された俗界は、共通の原理に従っていたのである。

このことから、カントロヴィッチが「キリストの神秘体」という言葉で説明した「政体(団体)を

ロレンツェッティ《善政の寓意》

中心とする王権」とは、身分制国家における王権を指していたことが分かる。聖なる力の発現であった王の権力は団体の意志に裏打ちされた公権力へと変容してきたが、この公権力は聖なる力の機能的な等価物であった。

イタリアの都市国家シエナの市庁舎には《善政の寓意》と名づけられたフレスコ画が架けられている。これは、一四世紀に市当局からの要請を受けて、当時の代表的な画家アンブロージョ・ロレンツェッティ（一二九〇頃―一三四八年）が描いたものである。この絵の中で大きな存在感をもって描かれている人物は、よき統治と平和を保障する統治者であり、シエナという都市国家の公人格と公共善が一体化した姿を表している。フレスコ画の下には、次の言葉が添えられている。

> この聖なる美徳（正義）が支配するところ、多くの市民の魂を統合に誘う。そしてこのように一所に集められた人々は、〈公共善〉UN BEN COMUNを自分たちの主人（統治者）とする。そして〈公共

善〉は、その国を治めるために、まわりに座る美徳たちの輝く顔から、目を離さないように注意する。それゆえ勝ち誇った彼には、諸都市の、税、貢納、領主権が提供される。（池上 二〇一四、六頁）

「公共善」はアリストテレスの概念であり、《善政の寓意》が示しているのは、統治者の権力が神の聖なる力に由来しているのではなく、公人格の権力として都市国家の公共善に根差しているということである。シエナをはじめ、一三世紀後半から一四世紀にかけての北部・中部イタリア都市では兄弟団が著しい発達を見せたが、身分や職業の区別なく参加しうる兄弟団の公的性格は、「公共善」という都市国家シエナが掲げた理念と響き合うものであった。

7 立憲主義・代表制・人民主権論

カール・シュミットは『政治神学』（一九二二年）の中で、次のように述べている。

現代国家理論の重要概念は、すべて世俗化された神学概念である。たとえば、全能なる神が万能の立法者に転化したように、諸概念が神学から国家理論に導入されたという歴史的展開によってばかりでなく、その体系的構成からしてそうなのであり、そして、この構成の認識こそが、こ

れら諸概念の社会学的考察のためには不可欠のものである。（Schmitt 1922／四九頁）

中世のキリスト教は近代民主主義の形成に多面的な影響を及ぼしたが、その第一の意義は、教皇至上権という絶対的・普遍的な権力を創出したことにある。神に由来する教皇至上権と人民の意志に根差す人民主権は正反対のベクトルをもつが、どちらも絶対的・普遍的な権力である。教皇至上権は、それを転倒させれば人民主権と重なるような権力形態なのである。

主権概念に関しては、西欧中世には抽象名詞としての主権概念に対応する概念が存在しなかったと言われてきたが（Skeat 1924）、教皇の権力は決して教皇個人に内在する権力ではない。その背後には神が控えている。教皇令集学派においては、教皇至上権は非常事態という例外的状況の中で法の外側に立ちうる絶対的・普遍的な権力として認識されたが、その絶対性と普遍性を担保したのは無限の超越的存在にまで高められたキリスト教的な神である。“souverain”が「主権をもつ」と「至高の」という二つの意味を内包するように、教皇至上権と近代の主権は歴史的なつながりをもっている。

近代的主権論の嚆矢とされるジャン・ボダンは主権を国家の権力として定義したが、シュミットによれば、ボダンを近代国家論の始祖たらしめているのは、その点にあるのではなく、主権者がどの程度、法に拘束され、諸身分に対して義務を負うのかを問うた点にある。ボダンは法的な拘束力や諸身分に対する義務が例外的状況において解除されるところに主権の本質を見出した、とシュミットは言う。この例外的状況の中で作用する絶対的な権力の観念が教皇主権論の中で彫琢されたのは先に述べたとおりである。

そして、教皇至上権から人民主権への転換も、キリスト教の影響を受けながら進行した。立憲主義と代表制という近代民主主義を構成する二つの要素は、それぞれカントロヴィッチの言う「法を中心とする王権」と「政体を中心とする王権」の段階で登場した。教皇至上権から人民主権への移行には、キリスト教をはじめ、貨幣経済と都市の発達、アリストテレス哲学の流入、円環的な時間意識から直線的な時間意識への移行など、さまざまな要因が関与しているが、立憲主義と代表制にそれぞれ密接に関連しているのが、法と身分制議会である。

一二世紀に聖俗が分離して以来、聖俗双方にとって法の重要性が高まり、法は西欧社会の根幹に位置するようになった。教皇至上権として確立された絶対的な権力も、例外的状況の中でのみ法的拘束から解放されるのであって、無制限に作用するわけではない。中世以降、法は権力行使を根拠づけると同時に、権力の濫用を抑止する機能を担ってきた。一三世紀イギリスのマグナ・カルタは、内容的には封建的特権を国王に再確認させるものだったが、法によって王権の制限をはかった点で、近代的な立憲主義の先駆けとなった。

さらに、中世法は、教皇至上権から人民主権への転換、言い換えれば下降的権力から上昇的権力への転換を推し進める要因にもなった。西欧の中世法は、「古きよき法」としての慣習法だったが、中世法には神と人民の正義感情・法意識という二つの法源が存在していた（鷲見 一九九六）。神の創り出した法がよき法であるのは当然だが、人々の正義感情や法意識にかなっていることも、法がよき性質をもつための重要な要素だった。そのため、一二世紀以降、神に由来する下降的権力と人民の意志に基づく上昇的権力の力関係が変化していく中で、中世法は二つの権力のいずれをも正当化することができた。中世法は、下降的権力から上昇的権力への転換を可能にする転轍機の役割を果たしたのである。

そして、「法を中心とする王権」から「政体を中心とする王権」に移行する過程で転轍機の役割を果たす、もう一つの要素が加わった。それが団体に内在していた代表原理である。一四～一五世紀の王権は課税協賛機能を担う身分制議会を統治の手段として利用したが、このとき代表原理は法と同様に両義的な性質を帯びていた。身分制議会は、王権支配の一翼を担っていた反面、各身分の同意という形で王権を拘束した。各身分の代表者は、王権の作用を社会の底辺にまで浸透させると同時に、各身分の全体的な意志を王権に反映させる媒介項として機能したのである。身分制国家は、神に代わって人間の意志に基づく統治形態を実現する上で、法の効果をさらに徹底させたわけである。

こうして西欧中世社会は、教皇至上権という近代的主権の対立物を生み出しただけでなく、権力の法的根拠づけ（「法を中心とする王権」の段階）と社会の団体論的構成（「政体を中心とする王権」の段階）を通じて、教皇至上権から近代的主権への転換を促進した。もちろん、中世の立憲主義と代表原理は近代のそれと同じではない。しかし、中世と近代にまたがる両義的な性質を帯びているからこそ、中世の立憲主義と代表原理は中世社会の内部から権力様式の転換を導くことができたのである。

この権力様式の転換の末に現れてくる人民主権を思想的に先取りしていたのが、一四～一五世紀の人民主権論である。カントロヴィッチは「人間を中心とする王権」としてダンテの政治思想を取り上げたが、人民主権論を最初に提起したのは、ダンテとほぼ同時代に生きたパドヴァのマルシリウス（一二七五頃―一三四二／四三年）である。イタリアのパドヴァ出身のマルシリウスは、パドヴァ大学やパリ大学で医学や哲学を修め、パリ大学の総長を務めた人物である。フランチェスコ派の聖職者だったが、教会に批判的だったために破門され、皇帝ルートヴィヒ四世（一二八二―一三四七年）の宮廷に逃れた。

マルシリウスは、主著『平和の擁護者』（一三二四年）で、一三世紀にヨーロッパに流入したアリストテレス哲学をトマス・アクィナス（一二二五頃―七四年）とは違う方向で解釈した。キリスト教が現世の秩序を楽園から追放された人間の堕落によって説明したのに対して、アリストテレスは、人間とは本来「政治的動物」であり、国家は最高善を目的とする共同体だと考えた。トマスはアリストテレス哲学とキリスト教、理性と信仰の調和を説いたが、マルシリウスは国家を宗教から独立した自己完結的な政治社会として位置づけたのである。

マルシリウスによれば、政治社会の統治に必要なのは一元的権力と物理的強制力をともなった人定法であり、法の有効性は人民の立法に由来する。そして、支配者官職の創設と支配者の選出も人民の意志に基づかなければならない。支配者が法に拘束されて人民の総体的な意志に結びつくほど、統治はよりよいものとなる（Gierke 1954）。

さらに、マルシリウスは教会のあり方にも言及している。教皇を含むすべての聖職者は霊的に平等であり、教皇と教会ヒエラルヒー組織は歴史的偶然による人為的な制度にすぎないとした。信仰組織としての教会は、キリストの名を信じる信徒の全団体であり、したがって権威をもつのは全団体を代表する公会議であって教皇ではない、と主張したのである（福田　一九八五）。

人民主権論を唱えたのはマルシリウスだけではない。一五世紀の代表的な神学者で哲学者でもあるニコラウス・クザーヌス（一四〇一―一六四年）も、その一人である。クザーヌスは、ジョルダーノ・ブルーノ（一五四八―一六〇〇年）、ヨハネス・ケプラー（一五七一―一六三〇年）、ゴットフリート・ヴィルヘルム・ライプニッツ（一六四六―一七一六年）など、後世の思想家に多大な影響を与えただけでなく、公会議主義運動が絶頂期を迎えた一五世紀前半のバーゼル公会議でも活躍した。

クザーヌスによれば、教会権力は神に由来するが、直接神によって授与されるのは恩寵のみであり、強制権力は信者の自発的委託を媒介にして与えられる（Gierke 1954）。信者の総体的意志は、選挙によって選ばれた各地区の長（教区牧師、司教、首都司教、管区長）によって代表され、最終的には彼らが会合する公会議によって可視化される。それゆえ、信者全体を代表する公会議が立法権力を行使しうる。教皇は法に拘束され、すべての個々人より高位にあるが、その総体性において人民の奉仕者となる。

これと同じ原理が、国家にも適用される。すなわち、あらゆる現世的権力は第一義的には神に由来するが、その神的起源は服従者の自発的賛同による総体的意志の中に現れる。あらゆる支配と管理は代表者の選出と自発的な権力委託に基づいており、任命された支配者のみが総体的意志の担い手として公的かつ共同的な人格になるという。

8　自己否定的な自己組織化様式の否定

以上から明らかなように、立憲主義、代表原理、人民主権という近代民主主義を構成する三つの柱は、いずれも西欧中世社会に起源を有している。キリスト教に支配された中世と、近代民主主義を成立させた近代は相容れないように見えるが、そうではない。中世と近代の関係を理解する上で興味深い見解を示しているのが、中世の逆遠近法と近代の遠近法の関係を論じたエルヴィン・パノフスキー（一八九二―一九六八年）である（Panofsky 1991）。

遠近法は一三世紀末から一四世紀のイタリアで誕生した近代絵画の表現様式であり、その特徴は絵を見る者にとって手前のものを大きく、遠くのものを小さく描く点にある。絵を見ている個々の人間が実際に対象を見ているように描き出すことから、近代の遠近法は近代的個人主義の象徴的な表現とされてきた。

パノフスキーによれば、遠近法はすでに古代ギリシアにも存在していたが、古代ギリシアの遠近法は近代の遠近法とは似て非なるものだった。近代の遠近法は、古代ギリシアの遠近法から発展したものではない。その一方で、西欧中世には、絵を見る者にとって遠くのものを大きく描き、手前のものを小さく描く逆遠近法が存在した。逆遠近法が採用されたのは、神の視点から世界を描き出したからである。近代の遠近法と中世の逆遠近法は真逆の関係にある。しかし、そうだからこそ、中世の逆遠近法を転倒させることで近代の遠近法が確立された、とパノフスキーは言うのである。

これと同じことが近代民主主義にも言えるように思われる。先に述べたように、古代ギリシアの民主政と近代民主主義の違いは、単に直接民主主義か間接民主主義かの違いにあるのではない。まして、社会の規模の違いに由来するのではない。古代ギリシアの民主政は、供犠という自己否定的な自己組織化様式を克服できなかった。一方、キリスト教においては、供犠の形式が残存していたどころか、徹底的に普遍化された。しかし、そのことによって、教皇至上権という普遍的・絶対的な権力が生み出された。教皇至上権を転倒させることによって、人民主権に基礎を置く近代民主主義への道が切り開かれたのである。

人民主権の前提となるのが神からの人間の自律であるが、西欧中世社会にその可能性が芽生えたのは、単に聖俗の分離によって世俗化が進んだからではない。聖界と俗界の二元的体制を確立した西欧中世社会では、聖界と俗界、教会と国家の間に「無限の交錯・交換」（カントロヴィッチ）とも呼べる現象が起こった。最初に教会が半ば国家化し、続いて国家が半ば教会化した。この相互浸透を通じて、教会の原理が国家の原理に転用され、下からの同意に支えられた公権力が成長してきたのである。

公観念は、聖俗両世界が法や団体の原理に基づいて再編されていく中で、聖なるものの機能的な等価物として形成された。例えば、カントロヴィッチは、イギリス法学の父ヘンリー・ブラクトン（一二一〇頃―六八年）の言説の中で国庫が公的性格をもつ準神聖物として捉えられていたことを指摘している。ブラクトン曰く、準神聖物とは国庫に属する事物である。これらは君主や支配する王によって他の者へと贈与され、売却され、譲渡されることはありえない。そして、これらの事物が王冠を構成するのであり、これらの事物がさまざまな形態をとる平和や正義といった公共の利益を配慮するのである。

（Kantorowicz 1957／(上)二三五―二三六頁）

「キリストを中心とする王権」の段階では、国庫は王の私有財産とみなされていたが、「法を中心とする王権」の段階に至ると、私的なものと公的なものを区別する試みがなされ、国庫の「非人格的で公的な様態」に関心が注がれるようになった。国庫は、王の私有財産であるかぎり、王の死とともに消滅するが、国家の公的財産として位置づけられることによって、聖なるものに特徴的な不変性・永遠性を獲得する。聖なるものは、時間的な持続性と空間的な普遍性において、俗なるものに対して超越的な位置を占める。「公と私」、「私と私」の分離が進むと、公は俗なる世界にありながら、すべての私に対して超越的な位置を占めることになる。

こうして公権力は、俗なる世界の中で、相互に分離した私と私を結節する超越的な権力として現出する。西欧社会の公観念には、誰もが参入できる開放的な空間を「公共的」とみなすギリシア的な公観念と、人民全体に関連し、権力や権威の起源ないし源泉となるものを「公共的」とみなすローマ的な公観念が含まれているが、ローマ的な公観念に依拠して公権力が成長してきたのである。

もっとも、聖俗の二元的構造に代わって公私の二元的構造が真の意味で確立されるのは、ずっとあとのことである。「法を中心とする王権」の段階は、その長い道程の始まりにすぎない。中世社会に現れた人民主権論、立憲主義、代表原理は、いずれも近代の民主主義と直接のつながりをもっていない。公会議主義運動は最終的には自滅し、教皇至上主義が復活した。また、王権は自らの権力を伸張させるために、都市や身分制議会といった団体に対して抑圧的に作用した。中世社会は、聖俗両方の世界とも下降的権力が支配する形で幕を閉じた。一七世紀の絶対王政が王権神授説という古めかしいイデオロギーを持ち出したのは、自らの支持母体となった団体への依存を断ち切って自律しようとしたためである。

私たちが認識している近代は、この下降的権力が再び上昇的権力によって覆《くつがえ》されていくプロセスである。聖界では一六世紀における宗教改革を通じてカトリック的秩序が崩壊し、俗界では一七世紀以降の市民革命によって絶対王政が打倒された。近代民主主義は、その末に確立されたのである。だが、認識すべきは、上昇的権力による下降的権力への抵抗はすでに中世の段階で始まっており、立憲主義、代表原理、人民主権という近代民主主義の構成要素は中世社会の変容を通じて準備された、ということである。

第三章 近代民主主義の成立と構造

1　近代の中の中世

世界史の通説的な理解に従えば、中世と近代の境界は一五～一六世紀にあり、ルネサンスと宗教改革が近代の幕開けとされている。だが、こうした時代区分は便宜的なものにすぎない。というのも、社会は無数の構成要素から成り立っており、それらの構成要素が一律に変化していくわけではないからである。ある要素は短期間のうちに様変わりするが、他の要素は緩慢に変化する。実際、一五世紀以前に近代的要素が現れてきた一方で、一七世紀に至っても中世的要素が残存していた。ルネサンス期の人々は過去との違いを強調するために中世を「暗黒の中世」と呼んだが、今では「一二世紀ルネサンス」（チャールズ・H・ハスキンズ）という言葉に象徴されるように、中世に対するイメージは大きく塗り替えられている。どの段階をもって中世社会が近代社会に移行したかについては、さまざまな解釈の余地が残されている。

このことは近代民主主義の歴史的形成にも言える。前章で見たように、一二世紀以降の中世社会は近代民主主義のいわば苗床であり、そこに「中世の中の近代」を見て取ることができる。その一方で、一六世紀から一八世紀までは、いわば「近代の中の中世」として中世的様相を色濃く残している。西欧社会では、この時期に絶対王政が誕生し、そして市民革命によって打倒されていくが、絶対王政の崩壊後、ただちに近代民主主義が確立されたわけではない。近代民主主義が代議制民主主義として制度化されるのは、一九世紀後半である。

とはいえ、絶対主義の成立と崩壊は、近代民主主義の形成にとって不可欠であった。すでに述べたように、古代民主政から近代民主主義を分かつ決定的な違いは、人間の自律と個人の自律、言い換えれば「政治と宗教」の分離と「私と私」、「公と私」の分離にある。この近代民主主義の前提条件が整えられていったのが、絶対主義の成立と崩壊の時代だった。まずはそのことを確認しよう。

2　絶対主義国家の過渡的性格

近代国家の基本的な特徴は何よりもその主権性にあるが、近代国家が国民国家として確立されたのは一九世紀である。一六世紀から一八世紀にかけて、近代国家は絶対主義国家という形態をとっていた。

絶対主義国家の典型は、一六世紀後半の女王エリザベス一世時代のイギリスや、一七世紀後半のルイ一四世時代のフランスであるが、一六世紀後半にいち早く世界に進出したフェリペ二世時代のスペインや、一八世紀後半に登場した啓蒙専制君主フリードリヒ二世時代のプロイセン、同じく啓蒙専制君主であるエカテリーナ二世時代のロシアも含まれる。このような時代的・地域的な差をともないつつ、絶対主義国家は次のような意味で中世的要素を残していた。

まず第一に、絶対主義国家は「王朝国家」であり、国政と家政が完全に分離されてはいなかった。ヨーロッパでは、三十年戦争後に締結されたウェストファリア条約（一六四八年）を機に、国境を画定して国家間の勢力均衡のもとで近代的な国際秩序を創出する動きが始まるが、それ以後も国家間の戦争が絶えなかった。国際戦争が多かったのは、絶対主義国家が王朝国家として王家の私的な利害を追求していたためである。

また、絶対主義国家の官僚機構は、マックス・ウェーバーの言う「家産官僚制」であり、十全な意味での公的機構ではなかった。戦費の調達手段として官職が売買されたり、売買された官職が世襲されたりした。例えば、フランス革命は国王裁判所に相当する高等法院が国王に対して三部会の招集を要求したことから始まるが、高等法院を構成していたのは「法服貴族」と呼ばれる人々で、市民の出身でありながら司法官職を購入して地方利害の代弁者となった貴族である。

第二に、絶対主義国家は中世の身分制国家と違い、諸身分（団体）の同意に依存しない絶対的な権力を築こうとしたが、それは目標にすぎなかった。国制史的には、身分制国家は封建国家から絶対主義国家への過渡的形態とされるが、絶対主義国家も身分制国家から国民国家への過渡的形態にすぎない。

絶対主義国家が身分制国家と連続的な関係にあったことは、フランス革命直前にルイ一六世（一七五四―九三年）が臨席した高等法院で次席検察官アントワーヌ＝ルイ・セギエ（一七二六―九二年）が行った演説からも、うかがい知ることができる。

フランス王国は、聖職者、貴族、上級裁判所、下級裁判所、大学、アカデミー・フランセーズなどのさまざまな学術団体、金融業者の団体、商人の団体などによって構成されており、王国を長い鎖にたとえるなら、さまざまな団体は、さしずめ長い鎖の一つ一つの輪に当たる。そして最初の輪を手に握っているのが、フランス人の頭《かしら》であり、最高位の行政官であるフランス国王なのである。（Myers 1975／四頁）

もちろん、身分制国家から絶対主義国家に至る過程で社会の団体編成に一定の変化が生じていたことも事実である。旧来の団体編成から外れるような社会層が大量に発生し、団体間の序列も動揺していた。しかし、租税の徴収を全国一律に行えなかったことからも分かるように、絶対主義国家には、国家の隅々にまで自らの意志を貫徹させるだけの絶対的な権力が欠けていたのである。国王によって特権を認められた団体は「社団」と呼ばれるが、歴史学では絶対主義国家は「社団国家」として位置づけられている。絶対主義国家も社団、すなわち国王によって特権を認められた団体の重層的編成の上に成り立っていたのである。

そして第三に、絶対主義国家の過渡的性格を端的に示しているのが王権神授説である。王権神授説の提唱者でもあったジャン・ボダンは立法権を主権の第一の属性として挙げたが、主権国家が地上の権威に対して超越的であるのは、主権者たる国王が「神の代理人」だからだと考えた。

王権神授説に従えば、国王の権威は神から授けられたものであり、国王は神に対してのみ責任を負う。絶対主義の時代になるとカトリック教会の権威はもはや失墜しており、カトリック教会が脱落しているところに中世との違いがある。とはいえ、王権は依然として宗教的権威を帯びることによって正当化されたのである。

イギリスでは、エリザベス一世のあとで王位を継いだジェームズ一世（一五六六―一六二五年）、そしてフランスではルイ一四世（一六三八―一七一五年）が王権神授説の代表的な信奉者だった。フランスでは、ヴェルサイユの宮廷儀礼の他に、聖油を王の額に塗布して王に聖性を付与する「聖成式」、国王が都市に入る際に行われた「入市式」、そして教会で神への感謝が行われる「テ・デウム」といった公開儀礼を通じて、国王は自らの権威を人々に誇示した。

絶対主義国家は、権力機構と正当化様式のいずれの面から見ても、前近代的要素と近代的要素を併せもつ国家であり、そこに根本的な矛盾を抱えていた。絶対王政の矛盾をその存在ごと取り除いたのが、一七世紀から一八世紀にかけて起こった市民革命である。

3 市民革命と脱宗教化

絶対主義の絶頂期は国によって隔たりがあるため、市民革命が起こった時期にも一世紀以上の開きがある。絶対主義の絶頂期をいち早く迎えたイギリスでは一七世紀に清教徒革命と名誉革命が起こったのに対して、一八世紀後半に絶対主義の絶頂期を迎えたフランスでは一八世紀末にフランス革命が起こった。イギリス革命とフランス革命の間に挟まれているのがアメリカの独立革命であるが、この独立革命も市民革命としての意義を有していた。

一般に近代民主主義の形成はフランス革命と結びつけて理解されているが、代議制民主主義が制度化されたのはフランス革命から約一世紀を経た一九世紀後半から二〇世紀初頭にかけてである。

今日の議院内閣制と大統領制の起源はそれぞれイギリス革命とアメリカ革命にあるが、責任内閣制と大統領制の誕生も近代民主主義の誕生に直結していなかった。なぜなら、どちらも人民（国民）の政治参加という民主主義の本質的条件を欠いていたからである。責任内閣制が誕生したイギリスで議員選出権を有していたのは貴族や僧侶や裕福な商人といった一部の人間であり、当時の議会政治は実質的には貴族の寡頭政治であった。また、合衆国憲法が制定された二年後（一七八九年）にジョージ・ワシントン（一七三二―九九年）が初代大統領に選出されたが、合衆国憲法の起草者は民主政よりも共和政を理想にしていた。

英米仏のいずれにおいても、普通選挙制度の導入を通じて近代民主主義が確立されたのは市民革命よりずっとあとのことである。とはいえ、三つの市民革命が近代民主主義の形成にとって不可欠だったのは、革命を通じて政治と宗教の関係が決定的な変化を遂げたからである。

イギリスでは、エリザベス一世が英国国教を正式な宗教と定めて以来、国教派とプロテスタント系の清教徒（ピューリタン）の対立が深刻化した。特にジェームズ一世の子チャールズ一世（一六〇〇―四九年）は、清教徒を弾圧しただけでなく、プロテスタント系の長老派が多いスコットランドに国教を強制したことから、スコットランド人の反乱を招いた。武力による鎮圧を企てた国王は戦費を調達するために議会を招集したが、課税の承認を得られなかったばかりか、国王と議会の武力衝突を招いた。ここに清教徒革命が勃発し、チャールズ一世の処刑、そして王政の廃止を経て、共和政が樹立された。

その後、清教徒革命に大きな功績を残したオリヴァー・クロムウェル（一五九九―一六五八年）が独裁体制を確立したが、彼の死とともに独裁体制も崩壊する。王政復古後、ジェームズ二世（一六三三―一七〇一年）がカトリック保護政策など専制主義的な政策を断行したため、議会はジェームズ二世を追放してオランダから王女メアリー二世（一六六二―九四年）とその夫でオランダ総督のウィリアム三世（一六五〇―一七〇二年）をイギリス王として迎え入れた。これが名誉革命である。

名誉革命を通じて「権利章典」が制定され、議会政治を基礎にしたイギリス立憲君主政が確立されたが、ここで重要なのは、名誉革命後の一六八九年に「寛容法」が制定され、カトリック教徒を除く非国教徒への寛容が認められたことである。カトリック教徒に国教会教徒と同等の権利が認められるのは、一八二九年に制定された「カトリック教徒解放法」であるが、「寛容法」によって政治と宗教を分離する第一歩が踏み出されたのである。

政治と宗教の分離をさらに一歩進めたのが、アメリカの独立革命であった。エリザベス一世が英国国教による宗教的統一をはかろうとして以来、多くの清教徒が北米に移住して植民地を築いたが、七年戦争（一七五六―六三年）が終わると、イギリスは戦争によってもたらされた財政危機を打開するために植民地に対して高い関税や租税を課した。植民地側は「代表なくして課税なし」のスローガンを掲げて抵抗し、独立戦争を通じて本国からの独立を果たした。アメリカの独立宣言は基本的人権や人民主権の理念を掲げたが、その理念はロックやルソーの社会契約説の影響を受けている。

ジョン・ロック（一六三二―一七〇四年）は、名誉革命の二年後に出版された『統治二論』（『市民政府論』）（一六九〇年）の第二論文において、人間の自由（思想・言論・結社・信仰の自由）を柱とする有名な社会契約説を提起したが、その前段となる第一論文はロバート・フィルマー（一五八八頃―一六五三年）の王権神授説に対する批判にあてられている。また、ロックは、その前年に公刊された『寛容に関する書簡』（一六八九年）の中で宗教的寛容を説くとともに、宗教を個人の問題とした。

一方、『社会契約論』（一七六二年）で人民主権論を唱えたルソーは、同じ社会契約説の立場に立っていたが、人間の自由と共同体の意志（「一般意志」）の両立をはかろうとした。宗教を個人の問題としたロックに対して、ルソーは信仰なくして政治秩序の建設はありえないと考え、道徳的法典としての市民宗教の意義を説いた。

このように二人の思想は同じではなかったが、彼らの思想的影響を受けて、アメリカでは最初の脱宗教的な憲法が制定された。一七八七年の合衆国憲法の第六条第三項には「合衆国のもとでいかなる公的な職務や任務に就くにあたっても、その資格要件として宗教上の審査が課されてはならない」と規定されている。ただし、アメリカでは憲法上の分離が早期になされたため、かえって政治と宗教（市民宗教）が両立する、という逆説的な事態が起こった。ヨーロッパほど政治による宗教的弾圧が激しくなかったこともあって、多民族国家であるアメリカでは社会統合に果たす市民宗教の役割が大きかったのである。

これとは対照的に、フランスでは政治と宗教の分離が一進一退を繰り返したが、最終的には最もラディカルな形で実を結んだ。

フランス革命は、国王が特権的な身分（第一身分と第二身分）に課税しようとしたことに反対して、高等法院を中心とする法服貴族たちが一五〇〇年以上も開かれていなかった三部会の招集を要求したことをきっかけに勃発した。招集された三部会は国民議会へと発展し、憲法制定国民議会のもとで「人間の自由・平等」、「人民主権」を謳った人権宣言が採択される。

フランス革命は近代革命の象徴になっているが、この段階で政治と宗教の分離が確立されたわけではない。人権宣言では、すべての市民が「その能力に従って、すべての位階、地位および公職につくことができる」(第六条)とされたが、憲法制定国民議会のメンバーは、ネーションの再生には宗教的基盤が必要だと考えた(Baubérot 2000)。しかも、人権宣言の翌年に、カトリック教会を国家の統制下に置くことを目的とした「聖職者民事基本法」が制定され、聖職者は公務員として扱われたが、これが新たな問題の火種となる。憲法遵守が宣誓の義務とされたことから、カトリック教会の内部で宣誓拒否派と宣誓支持派が対立し、カトリック教会と革命政府の溝を作る一因となったのである。

政治と宗教の分離を導く上で重要だったのは、ナポレオンの執政政府下で成立した「コンコルダート」(政教条約)であった。ナポレオンがローマ教皇と和解した際、七七箇条の付属条項が盛り込まれ、カトリック、プロテスタント、ユダヤ教が公認宗教とされた。コンコルダート体制は、国家が宗教を自らの統制下に置きつつも複数の宗教を公認する「複数宗教公認体制」を意味した。この体制のもとで、カトリック教会と国家の対立やカトリック教会内の分裂は収束するかに見えた。

ところが、ナポレオンが失脚し、ブルボン王朝が復活すると、教育・福祉・政治の領域に対するカトリックの介入を容認する「教権主義」と、公的領域からの宗教の排除を求める「反教権主義」の対立が発生した。この抗争は、七月王政、第二共和政、ナポレオン三世による第二帝政まで続くが、そのあとの第三共和政のもとで、ようやく決着を見た。一八八〇年代に教育・医療などの脱宗教化がは

から れ、一九〇五年に「諸教会と国家の分離に関する法」(いわゆる政教分離法)が制定された。この法によって、教会と国家は明確に分離され、宗教は私的な権利として位置づけられた。ロックが宗教を個人の内面的問題と捉えて以来、約二世紀の歳月を経て、ようやく政治と宗教の分離が制度化されたのである。

政治と宗教を分離し、政治を公的領域、宗教を私的領域として信仰の自由を保障するフランスの脱宗教化は「ライシテ」と呼ばれている。民主主義と宗教の関係を論じたマルセル・ゴーシェは、ライシテの歴史を大きく二つの段階に分けている(Gauchet 1998)。すなわち、フランスの宗教的内乱(ユグノー戦争)がナントの勅令をもって終結した一五九八年から、「聖職者民事基本法」が制定されるまでの段階(「絶対主義的段階」)、そしてナポレオンのコンコルダートから一九〇五年の政教分離法を経て近年に至るまでの段階(「自由主義的・共和主義的段階」)である。第一の段階で政治の自律化の第一歩として宗教に対する政治の優位が確立され、第二の段階で公と私、国家と市民社会、そして政治と宗教の分離が決定的になった。フランス革命後の「聖職者民事基本法」の制定は、第一の段階から第二の段階への転換点にあたるという。

ゴーシェの指摘にあるように、絶対主義国家も政治と宗教が分離していく途上にあった。王権神授説を唱えた絶対主義国家は、宗教的権威を持ち出した点で中世国家の延長線上にあるが、宗教を自らの政治的意志に従属させ、カトリック教会から解放された至高の権力を目指した点で、近代国家の性質をそなえていた。絶対王政が「神の代理人」という古い王権表象に頼ったのは、地上に存在するいっさいの権威に拘束されることなく自らを正当化するためである。

西欧の歴史を振り返ってみると、中世後期は「中世の中の近代」、近代前期は「近代の中の中世」という様相を帯びていたが、中世から近代へ飛躍を遂げる際、西欧社会は皮肉なことに古代への回帰を目指した。ちょうど、ルネサンスが古代ギリシア・ローマの文化的復興をはかり、宗教改革が古代的・中世前期的なキリスト教精神への回帰をはかったように、古代的な王権表象に立ち返ることによって中世的な王権表象を乗り越えようとしたのである。

しかも、絶対主義国家は、諸々の社団を全体的に統御する上で、中世後期以降に発達した公共善の理念を利用した。この点について、二宮宏之は次のように述べている。

国王は、神の代理人であり、裁き人であり、民の父なる人であったが、これらのイメージは、先述の通り、「公共善」の理念のうちに収斂して行く。従来、諸社団のうちに多様なレヴェルで担われていた「公共善」の、国王の手中への独占が進展する。（二宮 一九九五、二二五頁）

絶対主義国家の権力は、まさに神に由来する前近代的権力から人間の自律的意志に基づく近代的権力への転換点だったのである。

4　市民的公共性と近代民主主義

西欧社会では、程度の差はあれ、絶対主義時代に政治と宗教の分離が進んだ。すべての近代国家がフランスのような脱宗教化を遂げたわけではないが、かといってライシテを特殊フランス的現象として片づけるわけにはいかない。政治と宗教の分離は、公と私の分離という近代社会の根幹に関わる問題だからである。

第一章で述べたように、市民共同体＝軍事共同体を基礎にしていた古代民主政と違って、近代民主主義は近代的個人を前提にしている。近代民主主義においては、社会を統治する権力が公権力として現れる一方で、社会の担い手となる人間は、それぞれ自律性をそなえた諸個人として存在する。「公」と「私」が分離しているだけでなく、「私」と「私」も分離しているのである。この二つの分離は密接に関連している。というのも、「公」は「私」と「私」が区別された上で、すべての「私」から区別された第三項となるからである。

西欧社会では一七世紀から一九世紀にかけて「私」と「私」の分離をともないながら「公」と「私」の分離が進んだが、その際、「公と私」の区別は、国家と個人の間に設定されただけでなく、双方の内部で反復された。このことを指摘したのは、公共性の生成と変容を論じたユルゲン・ハーバーマス（一九二九年生）である。

ハーバーマスによれば、中世の封建社会では、私生活圏から切り離された公共的世界が成立していなかったとはいえ、「支配権の公的表現」は存在していた（Habermas 1962）。君主は、不可視の存在を可視化するという意図のもとに、位章（印綬と武具）、風貌（衣装と髪型）、挙措（会釈と態度）、話法（挨拶と一般に様式化された語法）を駆使して自らの高貴さと支配権を民衆の面前で具現した。この

「代表的具現の公共性」はルイ一四世の宮廷儀礼において頂点に達したが、その頃を境に宮廷は国王の私的な生活圏に変貌していく。国家は、官僚制や軍隊という公的領域と宮廷という私的領域に分離していったのである。

一方、「代表的具現の公共性」に代わって登場してきたのが「市民的公共性」である。最初はコーヒーハウスやサロンにおける「文芸的公共性」、のちにはマスメディアによる世論形成をともなう「政治的公共性」が立ち上がった。そして、「公権力の領域」が公としての国家（官僚制と軍隊）と私としての宮廷に分割されたように、「私的（民間）領域」も「公」としての「市民社会」と「私」としての「小家族的内部空間」に分割されたのである。

こうして近代社会において「公と私」は、それぞれの内部で「公と私」の分離を反復しながら分離した。公私の内部的反復についてはまたあとで触れるが、「公と私」、「私と私」が分離したとき、一つの問題が発生した。分離された「公と私」、「私と私」はどのように接合されるのか、という問題である。絶対王政のように、私とのつながりをいっさい欠いたまま王権の公共的性格を主張しようとすれば、神に頼らざるをえなくなる。しかし、聖俗二元体制の崩壊によって聖なる世界を失った社会の中で神の権威に頼るのは矛盾以外の何ものでもない。

一八世紀の市民社会の中で、分離された「私と私」を結節しながら、絶対主義的な公権力に対抗する「公」として現れたのが、ハーバーマスの言う市民的公共性である。市民的公共性こそが「私と私」、「公と私」を結節する回路だった。ところが、この市民的公共性も、ハーバーマスが指摘したように、自由主義的な資本主義が終焉を迎える一九世紀後半に変質し、崩壊していくことになる。

そして、自律的な公共圏の崩壊と入れ替わりに登場してきたのが、近代民主主義だった。イギリス、アメリカ、フランスいずれの国においても、男子普通選挙制度が確立されたのは一九世紀後半である。さらに、女性を含む完全な普通選挙制度が導入されたのは二〇世紀初頭である。近代民主主義は、市民的公共性に取って代わる、「公と私」、「私と私」を結節する新たな制度的回路として立ち現れてきたのである。

とはいえ、近代民主主義は普通選挙制度だけで成り立っているのではない。これまで見てきたように、近代民主主義は人民主権（国民主権）、近代立憲主義、近代代表原理を主要な柱としており、普通選挙制度は代表原理の一部にすぎない。そして、この三つの構成要素は、近代社会が機能分化を遂げ、機能的に分化した政治システムが形成されていく過程で実現される。その条件が整うのが一九世紀なのである。

5　政治システムの機能分化

機能分化の成立条件に関しては、機能分化を体系的に説明したルーマン理論も含めて、これまで十分な解明がなされてきたわけではない。ルーマン理論の場合、機能分化は基本的に各機能システムに固有の二項コードの排他的な性質に関連づけて説明されていた。例えば、政治システムであれば権力は「与党／野党」という二項コード、経済システムであれば貨幣は「支払う／支払わない」という二項コードに依拠しており、二項コードに関連しない第三項はすべて排除される。この第三項排除としての閉鎖性が実現されることによって機能分化が達成される、と考えられたのである。

しかし、「与党／野党」という二項コードは政党政治に固有であるとはいえ、政党政治は近代民主主義に固有の現象ではない。イギリスでトーリー党とホイッグ党の二大政党が誕生したのは名誉革命より前である。また、経済システムで言えば、原始貨幣以後の貨幣は「支払う／支払わない」という二項コードに従っている。一定のプログラムのもとで二項コードが作動したからといって、それはただちに機能分化の成立を意味しない。二項コードは機能分化の必要条件ではあるが、十分条件ではないのである。

政治システムは他の機能システムからの分化を通じて確立されたが、その際、政治システムの成立条件には二つのレベルがある。すなわち、一つはすべての機能システムの分化に共通する「基礎的条件」であり、もう一つは政治システムの機能分化に固有の「追加的条件」である。これらの条件の間には、それらが充足される時期にも違いがある。これから述べるように、第一の条件が充足されたあとに第二の条件が充足されたのである。

6　機能分化の基礎的条件──「公と私」の分離

まず第一の条件であるが、「私と私」の分離をともなう「公と私」の分離こそ、近代社会の機能分化をもたらす基礎的条件であった。これらの分離は中世の時代から進行していたとはいえ、一八世紀に起きた変化は機能分化を実現する上で決定的な意味をもっている。

社会的分化には、ルーマンが説明したように三つの基本的な形式がある。すなわち、(1)同質的な構造をもつ複数のサブシステム（例えば部族共同体）に分化する「環節分化」、(2)異なる階層に分化する「階層分化」、そして、(3)複数の機能システムに分化する「機能分化」である。歴史的には、社会の分化は環節分化から始まり、階層分化を経て、機能分化に至った。ただし、近代社会にも環節分化や階層分化は残っている。例えば、世界は国民国家という複数の同質的な部分から成り立っているが、この分化は環節分化に相当する。しかし、近代社会の基本的な単位になったのは国民国家であり、国民国家の内部では機能分化が確立された。その意味で、近代社会は機能分化を支配的な分化形式にした社会だと言える。

このような分化形式の違いは、社会と個人の関係の違いにも関連している。というのも、環節分化や階層分化が支配的な社会では、どの個人もまるごと特定の部族や特定の階層に組み込まれていたからである。そのため、個人は自らが属する部分システムへの帰属を通して自己アイデンティティを確立することができた。例えば、貴族の子として生まれた者は、死ぬまで貴族であり、自らを貴族と認識することで自己アイデンティティを確立することができる。社会の構成員は、環節的もしくは階層的に分化した特定の部分システムに包摂されていたのである。このような社会では、「人格と役割」、「自己アイデンティティと社会システム」は融合していた。

ところが、機能分化が支配的になった近代社会では、どの個人もすべての機能システムに属している。もちろん、各機能システムの中で果たす役割は異なっている。例えば、ある個人は政治システムの中では政治家、経済システムの中では消費者となるが、他の個人は政治システムの中では有権者、経済システムの中では企業家となる、といった具合に、役割の担い方は多種多様である。いずれにしても、どの個人もすべての機能システムに属するがゆえに、特定の機能システムへの帰属を通して自己アイデンティティを築くことはできなくなった。個人があらゆる機能システムに属するための条件は、一見逆説的だが、あらゆる機能システムの外部で自己アイデンティティを確立することなのである（正村 二〇〇三）。こうして個人は、いかなる社会システムにも包摂されない、そしていかなる他者にも還元されない自己という観念を獲得した。

このとき、公私の分離がそれぞれの内部で反復されるという、あの原理が貫徹されている。近代的個人は、自らの内部に公と私、非人格性と人格性の二面性を宿している。すなわち、機能システムの役割を遂行する公的＝非人格的な存在であると同時に、それぞれが固有の自己アイデンティティをもつ私的＝人格的な存在となった。その一方で、機能分化は各機能システムを部分システムとして位置づける社会を必要とした。本来、国家と社会は同一ではないが、近代においては国民国家が機能分化の基本的単位となり、すべての機能システムを包含する全体社会となった。全体社会としての国民国家も、相互に切り離された私の集合体としての国民を包含しつつ、いずれの私にも還元できない公として成立したのである。

国民国家と近代的個人は、「公と私」という二項対立的な関係にありながら、どちらも公と私の両面をそなえている。しかも、国民国家は近代的個人と同様に、内部と外部を厳格に区別する境界を有している。理念的には、近代的個人が状況的変化に抗して一貫した行動をとりうるように、国民国家も他国に影響されることなく国内を自らの意志で統治することができる。近代的個人を小文字の近代的主体とするなら、国民国家は大文字の近代的主体だと言える。国民国家と近代的個人は、「公と私」の分離から派生した相関項なのである。

近代社会は、このような近代的個人と国民国家の二項対立的な関係を創り出した。その対立する二項を結節していたのが機能分化の構造である。言い換えれば、機能分化を支える一方の極が近代的個人だとすれば、他方の極が国民国家である。近代的個人と国民国家は、機能分化を介して成り立っている。この三つはいわば三位一体的な構造をなしており、いずれを欠いても成り立たない。その意味で、機能分化の基礎的条件は、国民国家と近代的個人を生み出した「公と私」、「私と私」の分離にあったのである。

7　機能分化の追加的条件——三つの限定

近代民主主義が制度化されるためには、この基礎的条件に加えて追加的条件が必要であった。どの機能システムもそれぞれに固有の追加的条件を必要としているが、政治システムの場合、その追加的条件は国民主権、近代的立憲主義、近代的代表原理に関連している。

機能分化というのは、別の面から見れば、機能集中でもある。機能分化が進んでいない社会では、社会的諸機能が渾然一体となっているだけでなく、それらの機能が社会の中に拡散している。機能分化は、それまで融合かつ拡散していた諸機能を機能ごとに集中させることによって相互に分離することを意味している。このとき、機能集中には「組織レベル」と「システム・レベル」という二つのレベルがある。

組織レベルの機能集中によって、特定の機能を第一次機能とする専門的組織が誕生した。近代社会では、政治的次元では議会、経済的次元では企業、教育的次元では学校といった専門的組織が出現した。もちろん、これらの組織も、その内部ではさまざまな機能を遂行している。例えば、企業も集合的な意思決定を行ったり（政治的機能）、社員の育成に努めたり（教育的機能）、社風を維持したり（文化的機能）している。とはいえ、企業を企業たらしめているのは、生産活動という経済的機能を第一次機能としている点にある。

社会が機能分化を遂げるためには、さらに機能集中が組織を超えたレベル、すなわちシステム・レベルで実現されなければならない。政治システムの場合、立法府としての議会が設置され、行政府としての官僚機構が整備されるだけでなく、権力が国民（有権者）と立法機関（政治家）と行政府（官僚）の間を循環しなければならない。そうした閉鎖的・循環的な回路を設定するような機能集中は、次に説明する「領域的限定」、「規範的限定」、「方法的限定」によってもたらされた。これらの限定が、それぞれ国民主権、近代的立憲主義、近代的代表原理の確立につながったのである。

追加的条件⑴：領域的限定

人民主権の理念は一四～一五世紀のパドヴァのマルシリウスやクザーヌスによって提唱されたが、近代民主主義において実現されたのは人民主権ではなく、国民主権である。人民を複数の国民に分割する領域的限定を通じて、国民が主権者となり、権力が国民国家の領土内で作動するようになった。国民国家と機能分化が一九世紀に確立された際、国民国家がすべての機能システムの共通の土台になりえたのは、国民国家が領土と構成員の両方に関して内部と外部を厳格に分割し、国内全域に対して自律的な統治を行う国家になったからである。

中世国家の場合には、国王や皇帝より上位の教皇という権威が存在しただけでなく、各国の領土も斑《まだら》模様を呈していた。フランスの中にイギリス領が存在したり、オランダの中にスペイン領が存在したりしていたのである。しかも、王族間に複雑な姻戚関係が結ばれていたため、中世国家は王族間の姻戚関係を通じて他国の政治的影響を受けざるをえなかった。

その点では、絶対主義国家も中世国家から完全に訣別できてはいなかった。絶対主義国家は、絶対王権を目指したものの、国内に対する自律的な統治に成功したわけではない。三十年戦争終了後、ウェストファリア体制を構築する動きが始まるが、一七世紀の段階では、国家間の境界領域は国家の直接的な統制が及ばない辺境地帯にすぎなかった。辺境地帯は、一七世紀から一八世紀にかけて繰り返された戦争とその後に開催された会議を通じて、国境へと再編されていった。しかも、国境が相互に承認された境界線として最初に引かれたのは、一八世紀初頭のことである（Giddens 1985）。

そして、近代民主主義が領域民主主義として成立する際、国内と国外の領土的分割を支える要因となったのが、均質空間という近代的な空間認識である。

時間は過去から未来に向かって直線的に流れ、空間は均質な広がりをもつ、という近代的時空観の確立に貢献したのは「絶対時間」と「絶対空間」の観念を提起したアイザック・ニュートン（一六四二―一七二七年）だが、この時空観が社会的リアリティを帯びるようになるのは一九世紀後半である。この時期に、時間や空間に関する基準や単位が世界的に統一された。一八八四年の国際子午線会議ではイギリスのグリニッジ天文台の地方時を基準とする「世界時間」が設定され、一八七五年には一メートルを北極点から赤道までの距離の一〇〇〇万分の一とする「メートル条約」が締結された。いっさいの事物と無関係に一様に流れる直線時間、そして時間の流れに抗して不動であり続ける均質空間の観念が確立されると、時間と空間は社会的な出来事に対してその位置や変化を表す客観的な座標軸として機能するようになった。

近代的な時空観は、物理的空間と同様に社会的世界も均質的な空間である、という観念を生み出した。その結果、社会的世界を国境によって分割し、国民国家を自己完結的な空間として編成する条件が整った。つまり、直線時間と均質空間は、国民国家と国民国家の集合であるウェストファリア体制を構築する上で適合的な時空観だったわけである。

さらに、領土的分割に人的分割が加わり、国民の創出に貢献したのがナショナリズムである。すでに中世後期の頃からネーションの意識が芽生えていたが、国民国家は、ベネディクト・アンダーソンが指摘したように、出版資本主義のもとで「想像の共同体」として形成された。すなわち、共通の言語で書かれた新聞や出版物が大量に発行され、国内で広く読まれることを通して、当の言語を母国語として読み書きする人々の観念的な共同体が成立したのである。

すべての国民国家が母国語との関連で国民を規定しているわけではないが、国民という観念が醸成されたとき、個人の自己アイデンティティには、いかなる他者にも還元されない自己という個体的アイデンティティの上に、国民という集合的アイデンティティが築かれた。つまり、近代的個人のアイデンティティは二層的な構造をもつようになったのである。

こうした領域的限定を通じて、国民国家の内部で権力を循環させる基礎が整えられた。絶対主義国家から国民国家への移行は、主権の所在を国王から人民に移動させ、下降的権力を上昇的権力に転換させただけでなく、領域的限定によって人民主権を国民主権として具現したのである。とはいえ、領域的限定は至上の権力を有する主権者と権力の作動範囲を特定したにすぎない。閉鎖的な権力循環の回路を創り出すためには、さらなる機能集中としての限定が必要だった。

追加的条件(2)：規範的限定

立憲主義の核心は法に基づいて権力の濫用を抑止することにあり、その点では中世立憲主義は近代立憲主義と変わらない。しかし、二つの立憲主義には、法の性質に関して重大な違いが潜んでいる。

すでに述べたように、中世法は「古きよき法」としての慣習法であり、神と人民の法意識を究極の法源としていた。慣習法は、それが過去から継承されてきたという事実に基づいて規範的な妥当性をもつため、「存在」（あること）と「当為」（あるべきこと）は未分化だった。中世にも人定法が存在し、立法の余地はあったが、過去の慣習を無視して法を恣意的に制定・改変することはできなかった。法は、基本的に創造されるものではなく、発見されるべきものであった。こうしたことは、中世法が宗教・道徳・伝統から切り離されていなかったことを含意している。

これに対して、近代の実定法では、過去の伝統や慣習に拘束されることなく法を人為的に改変することができる。第一章で述べたように、権力を法に従属させる近代立憲主義と、法に対する権力の優位を認める人民主権の間には緊張関係があるが、実定法は、法の人為的な制定・改変を認めると同時に、それを手続き法に従わせることで両立をはかった。こうした実定法の性質は、存在と当為が分離し、法が宗教や道徳から切り離されることによって獲得されたのである。宗教も道徳も規範的機能を担っているが、法を宗教や道徳から切り離し、社会規範を実定法という特殊な法形態に限定していくのが規範的限定である。

そして、中世法から近代法への移行を導く上で触媒的作用を果たしたのが、近代自然法である。自然法は、古代ギリシアに淵源し、中世の時代にもキリスト教的な理解のもとで継承されていた。例えば、トマス・アクィナスは、法を、(1)宇宙を支配する神の摂理としての「永久法」、(2)人間理性を通じて永久法が人間に分有された「自然法」、さらに、(3)自然法の特殊化＝具体化という形で人間が人為的に制定可能な「人定法」に分類した。トマスにとって、自然法は永久法の中で人間理性によって認識可能な側面を表している。

ところが、近代自然法になると、神に対する人間の自律を通して法と宗教の分離が進んだ。オランダのフーゴー・グロティウス（一五八三―一六四五年）が「国際法と自然法の父」と称されるのは、彼が自然法の神的起源を認めつつも、自然法を世俗化し、神学的前提に依拠せずとも法理論を築ける可能性を示したからである。

近代自然法を特徴づけているのは、人間の自律的な理性のもとで自然法が発見されるとする「合理主義」と、個人が自由で独立した状態を自然状態とみなす「個人主義」である。近代自然法は、人間の自律的な理性のもとで法と社会のあるべき姿を照らし出す理念として機能し、ホッブズ、ロック、ルソーの社会契約説を準備した。

イギリスでは、個人主義化が大陸より早く進んだことから、ホッブズの理論は原子論的な個人を出発点にしていた。ホッブズによれば、個人は自然権として自らの力を用いる自由を有するが、自然権の行使は「万人の万人に対する闘争」を引き起こす。そうした事態を回避するために、人々は社会契約を通じて国家を設立し、自らの主権を国家に譲渡する。こうして平和的な秩序が創り出される。ホッブズにとって、自然法は自然権の一定の制限のもとで自然権を実現する法を意味していた。これに対して、ロックになると、統治者が人民の信託に違反した場合には、統治者を排除・更迭する抵抗権も認められている。

市民革命の理論的基礎にもなった権力譲渡や抵抗権の思想は、ホッブズやロックの名前と結びつけられているが、彼らが初めて主張したものではない。すでに中世の法学者は、ローマ法に「君主は法律に拘束されない」という法文と、それとは逆に「君主が自己の法律に拘束されるのは君主たるにふさわしい」という法文が含まれていることを知っていた。ローマ法のレクス・レギア（王法）は、人民主権と絶対王権のいずれの基礎にもなりうる可能性を秘めていた。実際、中世後期には、レクス・レギアが皇帝一般への永久的譲渡を意味するのか、それとも皇帝個人に対する取り消し可能な限定的認可を意味するのかが問われたのである（Kantorowicz 1957）。

したがって、ホッブズやロックの自然法思想の新しさは、近代的個人主義を土台にして人民の権力譲渡や抵抗権の思想を構築した点にある。イギリスで開花したホッブズやロックの思想が「自然権」という個人の権利に力点を置いたのに対して、フランスのルソーは「自然状態」の概念に依拠して人民主権を提唱したが、いずれにせよ自然法思想は神の存在を前提にすることなく社会のあるべき状態を指し示す規範理論として機能したのである。

一七〜一八世紀における自然法思想の展開を通じて宗教と法の分離が進んだが、近代自然法は実定法と同じではなかった。近代自然法では、法が宗教から分離されたものの、道徳や倫理から分離されてはいなかったからである。例えば、一八世紀後半の代表的な法学者で『イギリス法釈義』（一七六五—六九年）を著したウィリアム・ブラックストン（一七二三—八〇年）は、自然法と倫理を同義のものとみなし、自然法を法的な拘束力の究極的な尺度とみなした。

ところが、一九世紀末の英語圏で法学教科書として広く使われたトーマス・アースキン・ホランド（一八三五—一九二六年）の『法律学要理』（一八八〇年）では、道徳のような権威が確定しない規範から法が区別され、自然法は考察の対象から外されていた。法と道徳は「社会と個人」という区別に沿って分離され、法は社会的秩序を構成する客観的・外在的な規範、それに対して道徳は個人の主観的・内面的な倫理として位置づけられたのである（D'Entrèves 1951）。

そして、近代自然法から実定法への移行を決定的なものにしたのが、「存在」と「当為」の分離だった。社会契約説に代わって正義や道徳を功利によって基礎づけようとしたイギリスの経験論者デイヴィッド・ヒューム（一七一一—七六年）は、すでに存在と当為を区別していたが、この区別が社会的に定着したのは一九世紀である。

存在と当為の分離は、実定法と、実定法を法学の研究対象とする法実証主義にとって、特別な意義を有していた。というのも、存在と当為が切り離された結果、実定法は、行為者にとっては純粋な当為として規定された行為規範になると同時に、法の研究者にとっては法の制定という確定的な事実の上に成り立つ分析対象になったからである。慣習法と違って、実定法は過去から継承されてきた事実から解放される一方で、統治者による制定という一回限りの確定的な事実に基づく法になったのである。

法は支配者の命令である、という考え方は、すでにホッブズに先取りされていたが、「最大多数の最大幸福」という功利主義の原理を立法の原理に据えたジェレミー・ベンサム（一七四八―一八三二年）を経て、分析的法実証主義を確立したジョン・オースティン（一七九〇―一八五九年）によって定式化された。一八世紀から一九世紀のイギリスで活躍したベンサムとオースティンは、いずれも存在と当為を区別し、法を人為的な意志によって制定されたものとした。理性によって発見される自然法と違って、実定法は政治権力によって人為的に制定されたものであり、法を制定・改変する自由度は大幅に拡大したのである。

こうして、存在と当為の分離のもとで近代法は、宗教のみならず、道徳・倫理といった諸規範からも切り離された。近代法が実定法化されたことによって、社会の統治に必要な規範を人民の意志に基づいて制定・改変する可能性が切り開かれる一方で、その権力行使は法的な手続きに従うことになった。人民主権と近代的立憲主義は、それぞれ「権力に対する法の従属」と「法に対する権力の従属」

を帰結したが、この二つは、実定法を介した政治システムと法システムの構造的カップリングのもとで両立可能になった。このような政治システムと法システム、権力と法の関係は、「法と宗教・道徳」、「存在と当為」の分離に基づいて社会規範を実定法に限定する規範的限定に支えられていたのである。

追加的条件(3)：方法的限定

政治システムの機能分化を達成するには、さらに権力循環を実効的なものにする方法的限定が必要であった。権力循環としての政治システムには、主権者たる国民が自らの代表者となる政治家を選出し、政治家が法や政策を決定するプロセスと、法に従って政策が官僚機構のもとで遂行されるプロセスが含まれている。前者を「狭義の政治」、後者を「行政」と呼ぶなら、狭義の政治と行政にそれぞれ固有の方法的限定が加わることによって権力循環が成立する。

まず狭義の政治であるが、近代民主主義は間接民主主義として代表原理を採用した。中世の身分制議会は民衆の上昇的権力と国王の下降的権力がせめぎあう場であり、その構成原理になっていた代表原理は民意を集約しつつ王権の意志を底辺にまで浸透させる支配装置だった。これに対して、近代の代表原理は、主権者たる国民の意志を政治的決定につなげ、上昇的権力を機能させるための原理である。しかも、実定法が近代法の支配的な形態になった結果、国民は社会統治に必要な規範を実定法という形で人為的に制定・改変する可能性を獲得した。

しかし、このことは新たな課題を生み出しもした。というのも、多様な諸個人の意志に基づいて政治的決定を行おうとすれば、合意に至らない可能性も高まるからである。実定法によってもたらされた法制定や法変更の自由度の増大は、政治的な決定不能に陥る可能性の増大にもなった。こうした事態を回避する方法として採用されたのが、多数決の論理である。直接民主主義に対して間接民主主義を選択することも、また意見の集約ルールとして多数決の論理を選択することも方法的限定である。

近代民主主義は、質的多様性をもつ国民の意見を票数という数値に還元し、多数をもって全体とみなす擬制の論理に基づいている。擬制の本質は、AとBが異なるにもかかわらず、AをBとみなすことにある。多数の意見が全体の意見と同一ではないにもかかわらず、全体の意見とみなされる。擬制の論理自体は以前から存在していた。例えば、ローマ帝国の領土的発展にともなって古代ローマ法が帝国の実情にそぐわなくなったとき、新しい社会問題を古い法的枠組みの中で解決するために擬制の論理が使われた。非ローマ人をローマ人とみなすことで、非ローマ人に対するローマ法の適用が可能になったのである。

多数決による合意の擬制が生まれたのは、社会的な複雑性が増大し、全員一致を実現するのが困難な状況の中で合意を調達する必要があったためである。多数決の論理は全体の意志を適切に集約することを保証するものではないが、決定不能な事態に陥ることを回避する効果的な方法であった。多数決の論理を最初に採用したのは、先に述べたように中世カトリック教会だったが、擬制的な合意が近代の政治システムに取り込まれた際、それを背後で支えていたのは質的多様性を数値に還元して全体を把握する科学的手法である。近代科学が科学システムとして分出したのも一九世紀であり、「存在と当為」の分離は「法と科学」の分離に呼応していた。

“Law”という言葉に「法」と「法則」の両方の意味が含まれるように、近代以前の社会では、当為としての「法」と存在としての「法則」は未分化であった。近代科学の理論的モデルになったのは一七世紀のニュートン力学であるが、“science”という言葉が誕生し、近代科学が制度化されたのは一九世紀である。法が社会規範として純粋な「当為」を表すのに対して、科学は客観的事実としての「存在」を研究する営みになった。

そして、自然科学・人文社会科学を統一する科学的方法として登場してきたのが、実証主義である。科学主義の代名詞ともなった実証主義は、研究対象が何であれ、事実を客観的に観察し、可能なかぎり定量的に把握することを目標にした。法実証主義が近代科学の仲間入りを果たせたのも、法学が法に関する事実認識の学として位置づけられたからである。

産業革命以前の世界は、すべての地域に独自の尺度があり、質が量を支配する世界だったが、実証主義は質を量に転化し、知識をローカルな文脈から切り離すことに成功した（Porter 1995）。実証主義の台頭は、偏狭な地域性を打破して国民国家を単位にした社会を創出する動きに照応している。セオドア・M・ポーターが「社会という概念自体も、ある程度は統計的な活動による構築物である」（ibid.／六二頁）と述べているように、定量化は近代社会を構成する知の技術であった。多数決の論理も、そうした知の技術の一環をなしていたわけである。

普通選挙制度や多数決の論理を組み込んだ代表原理は、実証主義が台頭してきた一九世紀の社会の中で確立された。近代的個人主義が多様な個人を生み出し、近代社会が社会的な複雑性を増大させる中で、国民の意志を集約・表現する仕組みとして合意の擬制や多数決の論理を組み込んだ代表原理が確立されたことは、狭義の政治過程における方法的限定を意味している。

一方、行政過程においても方法的限定が働いた。すなわち、国家官僚制のもとで国家が公共的課題を集中的に引き受けていく、という限定である。実定法の誕生は社会の統治に必要な法を主権者の意志に基づいて制定することを可能にしたが、さらにその法的な裏づけのもとで政策を遂行するためには、高度な発達を遂げた官僚機構と、それ相応の財政基盤が必要であった。

絶対主義国家が絶対的な王権を目指したにもかかわらず、その目標を達成できなかったのは、国家の意志を全国各地に浸透させるだけの官僚機構をそなえていなかったからである。絶対主義国家は、全国一律の税率で税を徴収することすらできなかった。主権の実効性を担保するには、国家が国民の意志を反映させる形でさまざまな公共政策を執行しうるだけの行政的・財政的な能力を獲得しなければならない。この機能集中としての方法的限定も、絶対主義国家から国民国家に向かう過程で段階的に進行した。

公共的機能の遂行が国家に集中するようになった最初の分野は軍事・警察であり、それが物理的暴力の独占である。すでに説明したように、中世初期の国家はフェーデ（私闘）と自力救済を容認していたが、王権の発達とともに、それらを排除していった。国家間の戦争では、三十年戦争の段階でもまだ傭兵が使われていたが、それ以降、常備軍の形成が本格化した。

絶対主義時代の西欧諸国は「戦争優先国家」であり、軍事支出が民政支出を圧倒していた。年によって変動はあるものの、国家予算の六〜九割が軍事費にあてられていた。ただ、他国との戦争は、軍隊の官僚制化を推し進める契機ともなった。

国家行政のあり方は、絶対主義国家から国民国家に移行する中で大きな変化を遂げた。戦争に明け暮れた一八世紀が終わり、一九世紀に比較的平穏な状況が訪れると、軍事支出が減少する一方で、民政支出が大幅に増大した。近代国家は、軍事体制を主軸とする国家から、民政と軍事を車の両輪とする国家へと変容していったのである。国家の管掌範囲は軍事・警察だけでなく、教育、交通運輸、郵便・電信事業、社会福祉といった分野にまで拡張された。近代国家が国民の社会権を保障するのは二〇世紀の福祉国家の段階を待たなければならないが、一九世紀の国民国家はその手前まで来ていたのである。

近代国家は官僚機構の発達を通じて管掌範囲を拡大させたが、マイケル・マンによれば、その発達にはいくつかの要因が関わっている（Mann 1993）。まず、代表原理が十分に確立されていなかった一八世紀の段階では、官僚制は専制的支配の道具となる危険性を孕んでいた。だが、市民権の制度化によって地域間の対立を乗り越えた国民的総意が生まれるとともに、代表原理が発展し、行政が党派政治から解放される中で官僚制支配の危険が取り除かれた。そして、国家官僚制の発達に貢献したもう一つの要因は、資本主義的工業化だった。国民経済の形成とともに全住民の国家帰属化が進む中で、法人企業の官僚制が国家官僚制に対するモデルを提供したのである。

こうして、領域的限定、規範的限定、方法的限定という三つの限定が加わることによって、権力が国民（主権者）、政治家（立法機関）、官僚（行政機関）の間を循環する閉鎖的な回路が築かれた。機能集中をもたらす三つの限定を通じて、政治システムは機能分化を遂げ、近代民主主義が制度化されたのである。

8　近代の自己組織化様式

これまで近代民主主義の形成を歴史的かつ構造的な観点から考察してきた。その際、民主主義が本来「ありそうもない」統治形態であることに注目してきた。

社会を外部から研究する観察者から見れば、いかなる社会も当該社会の構成員の営みによって創り出された自己組織的な社会である。しかし、社会の構成員である当事者から見れば、聖なる力という人間の意志を超越した権力に基づいて統治された過去の社会は、自己組織的な社会ではない。供犠という原始的宗教の段階を乗り越えたあとも、多くの社会は「自己否定的な自己組織化様式」に依拠しており、近代民主主義の起源とされてきた古代ギリシアの都市国家も、その例外ではなかった。

これまでの考察が正しいとすれば、近代民主主義の歴史的な起源は、キリスト教に支配された西欧中世社会にこそある。キリスト教は、供犠の形式を徹底的に普遍化することで、民主主義に対する真の意味での対立物を生み出した。キリスト教的な神に由来する絶対的・普遍的な権力と近代民主主義に内在する主権権力は、前者が下降的に作用し、後者が上昇的に作用する点で対照的だが、近代民主主義は神の下降的権力を反転させることで確立されたのである。

キリスト教が近代民主主義の形成に及ぼした影響はそれだけではない。一二世紀以降における西欧社会の発展は、単に聖界が衰退し、俗界が伸張していく過程ではなかった。聖界と俗界が分離した上で、聖界の俗界化と俗界の聖界化が起こった。そうしたプロセスを通じて聖界の中に生まれた秩序原理が、俗界にまで浸透していく。法や団体の発達とともに、キリスト教の普遍主義的な原理が個別主義的な原理に立脚した封建社会の内部に浸透した結果、俗界の内部でも領域支配を前提にした公私二元的な構造が形成された。世俗の世界の中に、私的な個人を超越する公権力が現れてきたのである。

この公権力こそ、聖なる力の機能的な等価物であった。「公と私」、「私と私」の分離が進むと、ちょうど聖なる力がすべての俗なる存在に対して超越的であったように、公権力は俗なる世界の内部にありながら、すべての私的な存在に対して超越的な性格を獲得する。公私二元的な構造は俗なる世界の内部に築かれた聖俗二元的な構造だと言っても過言ではない。したがって、中世社会から近代社会への移行は、聖俗二元的な構造から、公私二元的な構造を組み込んだ俗一元的な構造への移行であった。

この転換のプロセスの中から、人民主権、中世的立憲主義、中世的代表制という近代民主主義の萌芽が生長した。そして、これらの要素は絶対主義の時代にいったん表舞台から姿を消したものの、絶対主義国家から国民国家に移行する中で新たな展開を遂げた。

一方の極に近代的個人、他方の極に近代社会（国民国家）を生み出した公私の二項対立は、機能分化をもたらす基礎的条件となったが、さらに三つの限定が加わることで、近代民主主義の骨格が形作られた。これらの限定は、国民の主権権力を特定の制度的回路の中で機能させるための機能集中をもたらした。それによって、国民国家という自己完結的な空間の中で（領域的限定）、実定法の制定（規範的限定）と中央集権的な官僚機構による政策遂行を通じて（方法的限定）、国民の主権権力が最終的に自己自身に及ぶ制度的回路が形成されたのである。

以上のような歴史的・構造的な条件のもとで近代民主主義が確立されたとすれば、この統治形態は本来「ありそうもない」統治形態であることになる。社会の中で「ありそうな」統治的形態は、自己否定的な自己組織化様式である。近代民主主義は、そうした自己組織化様式の否定の上に成立した。その際、中世社会から近代社会への移行は、単に古いものが新しいものに置き換わる変化ではない。なぜなら、公私二元的構造は聖俗二元的構造の機能的な代替物だったからである。自己否定的な自己組織化様式の否定は、自己否定的な自己組織化様式の廃絶ではなく、むしろ形を変えた継承を意味している。

当事者にとって不可視的だった社会の自己組織性が可視化されたことは容易に起こりそうもない変化であり、その意味で近代民主主義は「ありそうもない」統治様式である。この歴史的な大転換は、カントロヴィッチの言う「キリストを中心とする王権」から「法を中心とする王権」への移行とともに始まった。この移行が始まった一二〜一三世紀こそ、近代への離陸が始まった転換期である。

世界史は一般に「古代」、「中世」、「近代」という三つの時代に区分されるが、社会は異なるスピードで変化する無数の要素から成り立っている以上、時代区分は基準の設定如何によって大きく変わりうる。どのような構成要素がどれだけ変化した場合に社会が変化したと言えるのかは、難しい問題を孕んでいる。基準の取り方によっては、中世は古代や近代のような自己完結的な時代ではなく、それ自体が古代から近代への巨大な転換期だったとも言える。

中世の中でも「キリストを中心とする王権」から「法を中心とする王権」に移行した一二〜一三世紀は、古代と近代を分かつ分水嶺だった。近代に向けた動きは、その後、紆余曲折の過程をたどるが、その最終段階が市民革命による絶対王政の打倒と近代民主主義の制度化である。近代民主主義の形成は、決してフランス革命に始まるのではなく、その前史として長いプロセスが存在していたのである。

そのことを踏まえるなら、「ギリシア人の時代から一八世紀にいたるまで、デモクラシーについて声高に語る声や、興味をそそられるような話を耳にすることはない」(Crick 2002／五七頁)という見方は、根本的に見直されねばならない。近代民主主義を形作る制度的枠組みにせよ、ロックやルソーらの自然法思想にせよ、それらは近代に突如出現したのではなく、中世に端を発している。自己否定的な自己組織化様式を否定する動きは、数百年もの歳月を経て、ようやく完遂されたのである。

ところが、近代民主主義は、制度化されてからまだ一〇〇年も経たないうちに、深刻な危機に直面している。というのも、政治システムの形成を導いた機能集中がさまざまな局面で機能拡散へと反転してきているからである。現代社会では、政治システムの機能分化を支えた基礎的条件(公私の分離)と三つの追加的条件(領域的限定、規範的限定、方法的限定)をすべて掘り崩すような変化が起こっているのである。

第四章　近代民主主義の揺らぎ

1　戦後体制の崩壊

一九七〇年代に民主主義の危機として指摘されたのは、政府が人々の多様化した要求に応えられなくなる、という「民主主義の過剰」である。しかし、現代の民主主義は、むしろ「民主主義の不足」に直面している。この問題は一九九〇年代に入って顕在化したが、「民主主義の過剰」が唱えられた七〇年代の社会的変化に起因している。そこで、七〇年代に生じた社会的変化を素描することから始めよう。

第二次世界大戦後の世界は、政治的には東西冷戦の時代を迎え、市場経済を営む資本主義国（西側陣営）と計画経済を営む社会主義国（東側陣営）が対立したが、社会主義国だけでなく、資本主義国においても、市場に対して国家の力が優位に立っていた。西側先進国は、ケインズ主義的なマクロ政策を採用し、社会福祉や社会保障に力を注ぐことによって、国内で大量生産と大量消費を再生産する循環的な仕組みを創り出した。

「福祉国家」という概念は、これまで第二次世界大戦中のイギリスのベヴァリッジ報告に由来するとされてきたが、福祉国家の起源は、それ以前の一八七〇年代にある（Pierson 1991）。西欧諸国では、一八七〇年代から一九一〇年代にかけて選挙権が男子普通選挙権から男女普通選挙権に拡大したが、失業保険や家族手当といった福祉国家プログラムが最初に導入されたのも、この時期である。つまり、二〇世紀の福祉国家は、一九世紀の国民国家の究極の形態だったのである。「高福祉・高負担」

を理念に掲げる福祉国家は、国民から高い税金を徴収する代わりに、国民に高水準の福祉を提供した。政治システムと経済システムは、依然として税を介して結合しており、福祉国家に至るプロセスは、税を介した構造的カップリングの強化としてあった。

戦後の社会が国家主権を尊重していたことは、当時の国際経済の枠組みを規定していたブレトンウッズ体制にも言える。ブレトンウッズ体制は、自由貿易として国境を越えたモノの移動を認めたが、資本（カネ）の移動に関しては規制を設けた。というのも、固定相場制を採用していた当時の世界経済のもとでは、自由な資本移動と国家の自律的な金融政策を両立させるのが困難だったからである。福祉国家政策は、資本取引を規制し、各国ごとに金融市場を分断することで可能になった。ブレトンウッズ体制は、経済の自由化を社会的共同体の中に埋め込んでいた点で「埋め込まれた自由主義」と呼ばれ（Ruggie 1982）、国家主権の上に成り立つ国際レジームであった。

したがって、戦後体制は国家主権を基礎にしていた点で、一九世紀の国家体制や国際体制の延長線上にあった。しかし、一九七〇年代に入ると、さまざまなレベルで戦後体制に綻《ほころ》びが生じ始めた。まず政治・経済の面では、物価の高騰と景気の後退が重なるスタグフレーションによって、福祉国家は国家財政の悪化と経済成長率の鈍化に直面した。それに追い打ちをかけたのが、二度のオイルショック（一九七三、七九年）である。一九七〇年代に福祉国家が危機を迎えると、その後、資本主義の再生戦略として登場してきたのが新自由主義である。ミルトン・フリードマン（一九一二―二〇〇六年）らの経済学理論に立脚した新自由主義的な改革は、ピノチェト軍事独裁政権下のチリで始まったが、それを世界的潮流へと導いたのはイギリスのサッチャー政権（一九七九―九〇年）と米国のレーガン政権（一九八一―八九年）である。

新自由主義的な改革の目標は、経済領域のみならず、さまざまな社会領域で規制緩和と民営化を推し進め、「大きな政府」に代わって「小さな政府」を実現することにあった。後述するように、新自由主義的な改革は、その意図とは裏腹の、もしくはその意図を超えた結果をもたらしたが、いずれにしても新自由主義的な改革が世界的に浸透する中で、現代社会は大きな変貌を遂げてきた。改革の影響は多方面に及ぶが、その第一歩となったのが金融の規制緩和である。金融の規制緩和によって、貿易だけでなく資本移動も自由化された。

金融の規制緩和は、情報化と相俟ってグローバルな経済秩序のあり方を変革した。実体経済に対して金融経済の比重を高めるとともに、実体経済の面でも対外直接投資の道を切り開いた。生産拠点の海外移転が進む中で、多国籍企業は国境を越えた社内・社外ネットワークを構築し、国家に匹敵するほどのグローバルな主体へとのし上がってきた。

現代のグローバル化は、思想的には新自由主義、技術的には情報化を駆動因にしている。グローバル化の進展にともなって、国家だけでなく多国籍企業、政府間国際組織（IGO）、国際非政府組織（INGO）、社会運動組織など、多様な主体がグローバルな活動を展開するようになった。

一九七〇年代には、政治と宗教の関係に関しても注目すべき現象が起こっている。近代に至る過程で世俗化が進んだが、七〇年代を境に、世俗化に逆行する動きが現れたのである。政治と宗教を切り離し、宗教の機能を個人の内面的信仰に限定する近代的な宗教観を拒否する動きが顕在化した。ジル・ケペルは、この転換を「宗教の復讐」と呼んでいる（Kepel 1991）。

マーク・ユルゲンスマイヤーも、キリスト教、イスラーム教、ユダヤ教、仏教といった世界の主要な宗教に共通の傾向が見られることを指摘している（Juergensmeyer 2000）。その共通の傾向とは、第一にリベラルな価値観や世俗の制度との妥協を拒否すること、第二に宗教を個人的・私的な領域に押しとどめる近代的な宗教観を拒否すること、そして第三に国民国家のような「近代のひ弱な代替物」を彼らの伝統の中で存在していた厳しい宗教の形態に置き換えようとすること、である（正村 二〇〇九）。一九八〇年代末期から九〇年代中期にかけて起こった日本のオウム真理教事件も、その一つに数えられている。

近年では世俗化を聖界の衰退とみなす伝統的な解釈を見直す動きも始まっているが、前章で述べたように、世俗化は聖俗二元論の単なる消滅ではなく、俗界の中に聖俗二元論の機能的な等価物である公私二元論を確立するような変化である。聖俗二元論が公私二元論という新たな形で継承されたとすれば、国民国家の揺らぎがその背後に隠されていた聖俗二元論を呼び覚ますとしても不思議ではない。

こうして、一九七〇年代以降、世界は新たな局面に入った。近代民主主義の危機は、現代社会の変容と同時期に始まっているが、それは偶然ではない。そのことを前章で説明した近代民主主義の成立条件に即して検討しよう。まずは三つの追加的条件のほうから見ていく。

2　領域的限定からの乖離

国家財政の弱体化

近代民主主義は、国民国家の領土的な枠組みの中で機能する領域的民主主義でもある。国民国家の領域的限定は、政治システムにとっては自国の領土と構成員を確定し、経済システムにとっては貨幣の作動領域を確定した。これらの領域的限定によって、政治システムと経済システムは相互に分化しつつも、国民国家という共通の枠組みの中で機能する。

ところが、現代社会の変化にともなって、国民国家による領域的限定が効かなくなってきた。その最初のきっかけとなったのが、金融の自由化である。金融の自由化によって貨幣の脱領土化が起こり、一九世紀から二〇世紀にかけて確立された「一国一通貨」の通貨体制が崩れ始めた。一九七〇年代以降の通貨圏について、ベンジャミン・コーヘンは次のように述べている。

> 相互に排他的な「空間パッケージ」にきちんと区切られた、平面的で地形的な通貨圏構造ではなく、世界中のさまざまな通貨が限りなく競争し、ヒエラルキーを形成する、多重層の複雑な風景の中にわれわれはいる。それはむしろ、領土内通貨が生まれる前の通貨圏によく似ている。
> (Cohen 1998／一九九頁)

絶対主義国家から福祉国家に至る過程で、近代国家はその所掌範囲を軍事・警察の分野から教育、交通運輸、郵便・電信、社会福祉・社会保障などの諸分野へと拡充したが、それを支えたのが税収による国家財政の拡大であった。国家が公共的課題を遂行するには、税を徴収して必要な財源を確保しなければならない。そのためには、公共的機能の遂行を国家に集中させる方法的限定とともに、貨幣の移動を規制する領域的限定が必要だった。ところが、資本の自由化によって「一国一通貨」の通貨体制を支える領域的限定が解除されたのである。

通貨の脱領土化は、最初は資本の国際移動として現れた。企業は安くて豊富な労働力と低い税率を求めて海外移転を推し進めた。支店進出、工場設置、海外企業の買収などを目的とした対外直接投資が活発化するとともに、多国籍企業が急速に勢力を伸ばした。そうした世界経済の変化の中で、福祉国家が描いた「高福祉・高負担」の理念を実現することが困難になっていく。

実際、一九七〇年代から九〇年代にかけての先進国の租税負担率と経済成長率を見てみると、資本移動の自由化がなされた一九八〇年代に劇的な変化が生じたことが分かる（Steinmo 1997；神野 二〇〇二）。一九七〇年代までは、オランダやカナダのように租税負担率と経済成長率がともに高い国もあったが、一九八〇年代に入ると、租税負担率と経済成長率は逆相関的な関係になり、租税負担率が高い国は低い経済成長率にとどまる傾向を示すようになった（図3）。高い経済成長を目指すなら租税負担率を下げなければならなくなったのである。

さらに一九九〇年代に入ると、通貨の脱領土化は「タックス・ヘイブン」という、国家にとっていっそう深刻な問題を引き起こした。タックス・ヘイブンとは、租税負担を免れられる地域や国を指

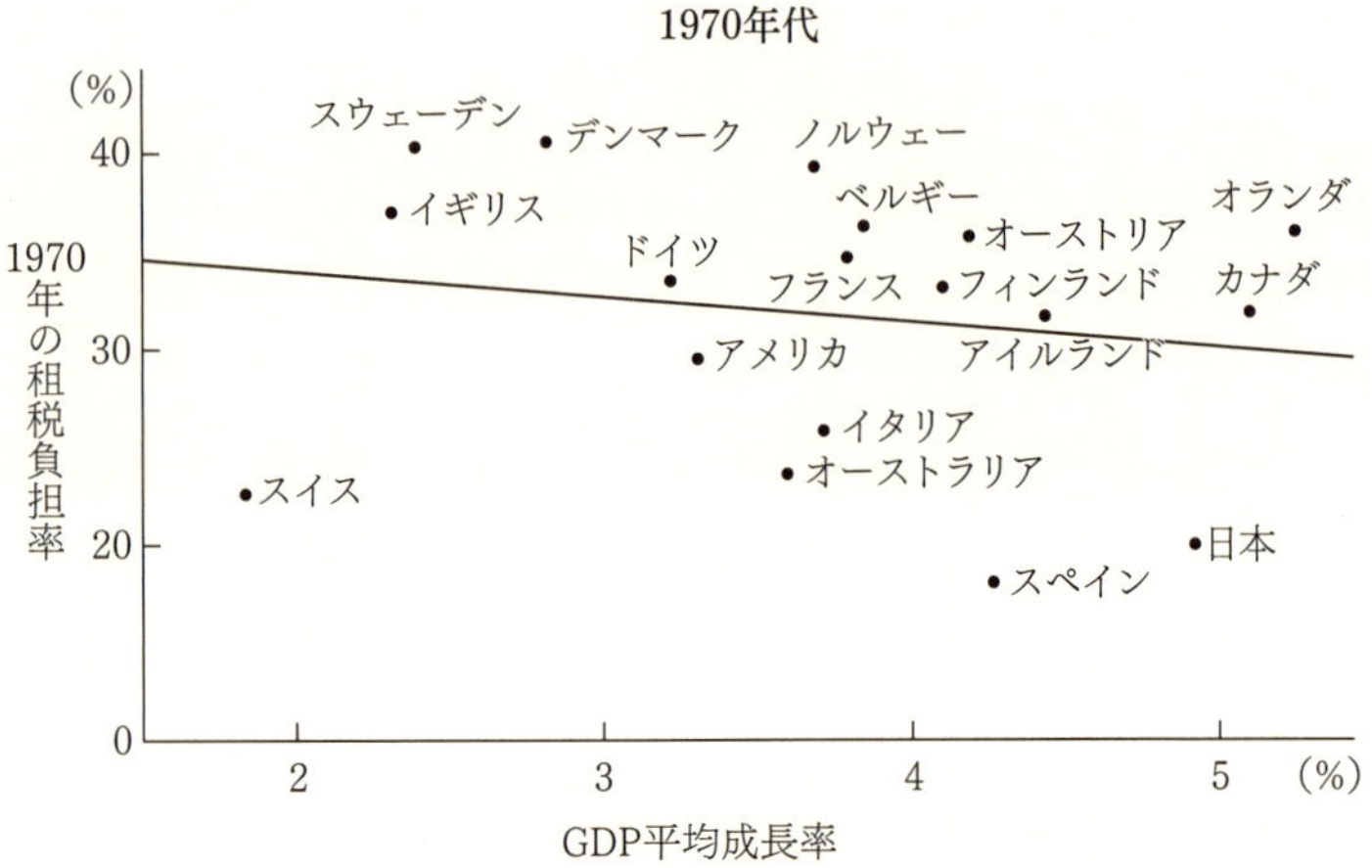

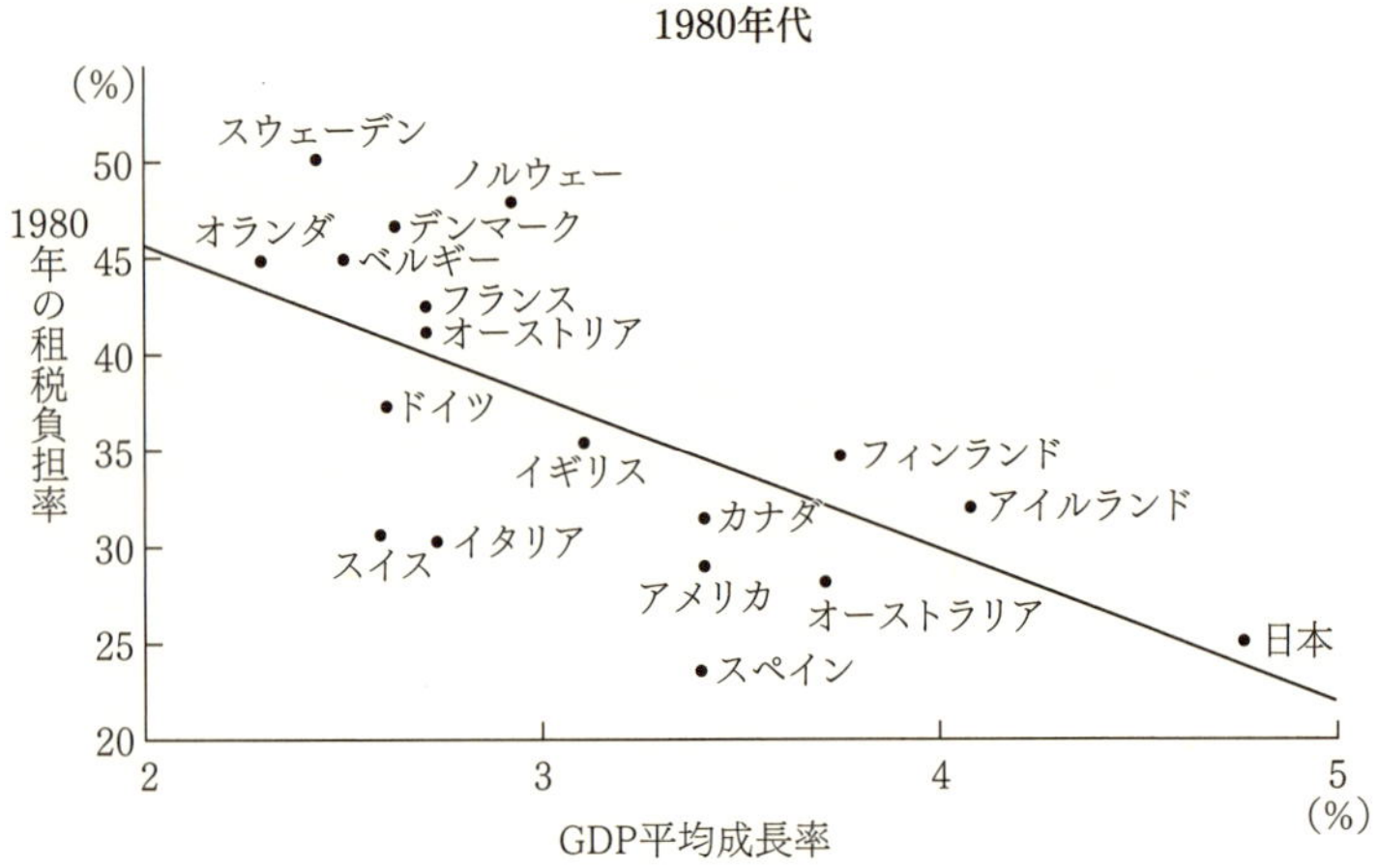

図３　各国の租税負担率と経済成長率（神野 2002を基に作成。元資料は Steinmo 1997）

す。ケイマン諸島、バミューダ諸島など、旧植民地や英王室の属領の他に、ロンドンの金融街シティや米国のデラウェア州のような地域、さらにはスイス、ルクセンブルク、ベルギー、アイルランドのような国家も含まれる。それらの国や地域では、(1)法規制を行える自治権を利用して、非居住者である個人や企業が納税義務を回避できる法律が作られている。しかも、(2)資金操作を匿名で行える秘密保持規制が設けられており、(3)領域内で法人組織を容易に立ち上げることができる（Palan, Murphy, and Chavagneux 2010）。

タックス・ヘイブンの領域内では秘密保持規制が働いているので、資金がどれくらいタックス・ヘイブンに流入しているかは正確には分からない。世界のマネーストックの半分がタックス・ヘイブンを経由しているとも言われる。もちろん、日本もその例外ではない。

図4は、日本の納税者の税負担率を所得金額別に示したものである。日本の所得税制は累進課税制を採用しているので、所得の増大に比例して税率も増大するはずである。ところが、グラフが示すように、一億円を境に、それ以上の高額所得者の税負担率は下がっている。それが租税回避か脱税かは不明だが、タックス・ヘイブンが関与していることは間違いない（志賀 二〇一三）。

また、対外直接投資は当初、現地生産を行うための投資であったが、今では租税回避に利用されている。例えば、通常の仕方でA国企業がB国企業に一〇〇〇万円を貸し付けて一〇〇万円の利子を得た場合、実効税率が四〇％なら、A国企業は自国に一〇〇万×〇・四＝四〇万円の法人税を納めなければならない。しかし、A国企業がタックス・ヘイブンに子会社を設立し、その子会社からB国企業に一〇〇〇万円を貸し付けて一〇〇万円の利子を得た場合には、A国企業は税を納めずに済むか、わ

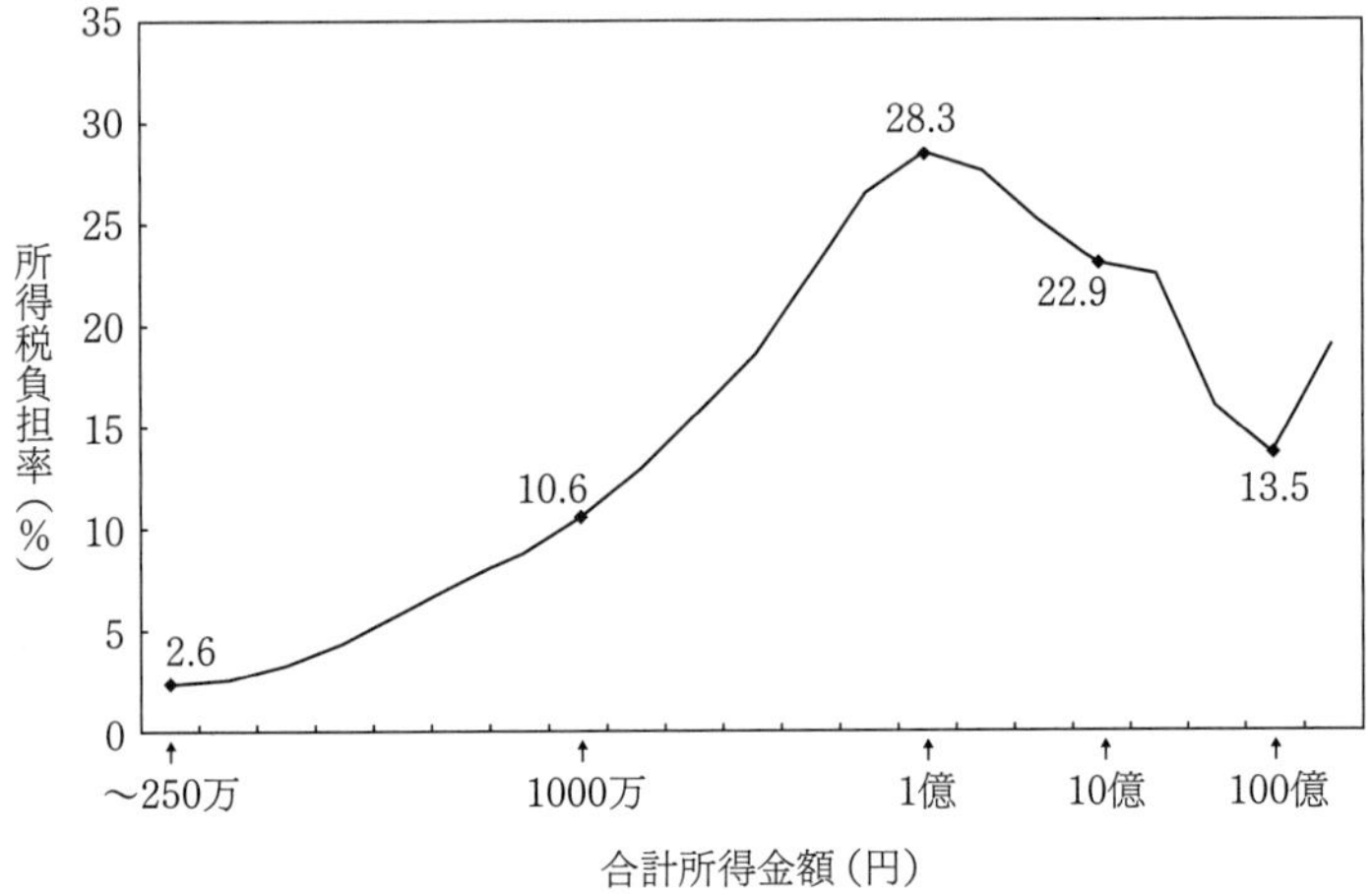

図4　日本における申告納税者の所得税負担率（平成22年度）（志賀 2013を基に作成。元資料は平成22年10月21日政府税制調査会専門家委員会提出資料）

ずかな税を納めればよい。なぜなら、一〇〇万円の所得を得たのはタックス・ヘイブンに作られた子会社だからである。A国企業は子会社から配当を受け取るまでA国への納税を遅らせることができるし、子会社の所得を税率の低い別の国や地域で使えば、A国への納税を免れられる。

タックス・ヘイブンの領域内では簡単に法人組織が設立できるので、直接対外投資という名目で多数のペーパー・カンパニーが作られている。ペーパー・カンパニーとしての子会社を経由して租税回避が行われているのである。二一世紀に入って、対外直接投資総額の約三割はタックス・ヘイブンを経由しているとも言われている。

租税回避が進めば、税を本来納めるべき国家の収入は減少する。その結果、皮肉なことに、国家は法人税率の引き下げ競争を行っている。もちろん、国家は税収の減少を目論んでいるのではない。法人税率を下げることによって、企業の国外流出を食い止め、ひいては外国企業を国内に呼び込むためである。この政策は功を奏する場合もあるが、各国が法人税率を引き下げれば、国家は「底辺への競争」を強いられることになる。

現に、経済協力開発機構（ＯＥＣＤ）は、一九九八年に「有害な税の競争――起こりつつある国際問題」と題する報告書を発表し、税の引き下げ競争に警鐘を鳴らした。そこでは四つの問題が指摘されている。すなわち、⑴まったく税を課さないか、名目的な税を課すのみであること、⑵情報交換を妨害する法制があること、⑶透明性が欠如していること、⑷企業などの実質的活動が行われていることを要求しないこと。これらはタックス・ヘイブンの特徴と重なっている。

要するに、現代の国家は自分で自分の首を絞めるような競争を余儀なくされているのである。タックス・ヘイブンは、貨幣の流通が脱領土化する一方で、租税負担率が領土的な規制を受けるという落差を利用している。このような落差を利用する仕組みは、金融取引が復活した中世後期の状況に似ている。西欧中世では、キリスト教の影響で金融取引が禁止されていた。利子は資金の貸与から返済までの時間的経過にともなって発生する利益を意味するので、金融取引によって利子を得ることは神に属する時間を盗むことに等しいと考えられたためである。

ところが、市場経済が発達し、都市間交易に為替手形が用いられるようになると、金融業者は為替レートの違いを利用して利益を得るようになった。二つの都市を往復する都市間交易では、Ａ都市とＢ都市の双方で両替がなされるが、都市によって為替レートが異なるため、二度の両替によって差額が生じる。この地域間の往復によって生じた為替レートの差額が、現在と未来の時間差によって発生する利子に相当したのである（大黒 二〇〇六）。この場合も、貨幣が脱領土化しつつ為替レートが都市間で異なっていることが経済的利益を生む源泉になっている。こうして、中世に禁止されていた金融取引が法の網をかいくぐる形で復活したのである。

タックス・ヘイブンも、脱領土化が進んだ経済システムと、領土に基礎を置く国民国家（もしくは自治権を有する地域）との狭間で発生したが、変化のベクトルは近代の国民経済を生み出すベクトルとは逆向きである。「一国一通貨」体制を創り出した領域的限定が解除され、貨幣の脱領土化が進行したのである。そのことは、経済システムだけでなく、政治システムにも重大な影響を及ぼすことになった。ＯＥＣＤ諸国の実効平均税率は、一九八一年から二〇〇一年までの二〇年間に、四〇％から二八％に減少している。

国家がいくら国民の意志を反映させた形で政策を遂行しようとしても、確固たる財源がなければ、国民の意志を貫徹することはできない。国民国家の自律性は内部と外部を厳格に分割する領域的限定によって維持されてきたが、金融の自由化を契機にした領域的限定からの乖離は、国家財政の弱体化を招き、経済的次元における国民国家の自律性を足下から脅かしているのである。

プライベート・レジームの形成

国内と国外を分割する領域的限定は、国民国家が国内を自律的に統治するための基本的な前提だが、そのような前提が崩れつつあることは、経済的次元だけでなく政治的次元でも言える。

近代社会は、主権国家の集合としてのウェストファリア体制のもとで、相互排他的に分割された統治空間を創り出した。理念的には、ナショナルな政治問題は国家によって解決され、グローバルな政治問題は国家の集合体である国際機関によって解決される。統治空間が国民国家を単位にした相互排他的な空間として成り立っているかぎり、政治問題は国家の意志に基づいて解決されうる。

もちろん、国民にとって国民主権は、選挙の際に一票を投じて自らの代表者を選ぶだけの権力にすぎないのが実態であるとはいえ、少なくとも形式的には、国民主権のもとで政治を機能させるのが近代民主主義である。三つの限定が機能しているかぎり、ナショナルおよびグローバルなレベルの政治的問題は各国民や諸国民の意志に基づいて解決されるはずである。しかし、一九七〇年代以降、そうした形式すら保障されなくなってきたのである。

国際政治学では一九九〇年代に「私的権威の台頭」が認識されるようになったが、非国家的主体が国家的統治に与える影響は、その前から国家を構成員とする国際機関の内部で現れていた。例えば、世界の自由貿易を推進するWTO（世界貿易機関）には企業も国家の代表団に加わっており、企業は豊富な資金力を駆使してWTOの決定に影響を及ぼしている。WTOの前身であるGATT（自由貿易を推進するための国際協定）の段階では国家主権が強かったが、WTOは国家に対する制裁手段を獲得し、国家主権を脅かすまでになっている。

例えば、一九九六年、EU（欧州連合）の欧州議会が牛肉への合成ホルモンの投与を健康上の理由から禁止する法案を可決した際、米国政府は農薬メーカー、モンサント社、米国牧畜業者協会、米国乳製品輸出会議、牛乳生産者連合といった利益団体の圧力を受けて、EUを相手にWTOに提訴した。WTOは米国に有利な裁定を下したのでEUは抗議したが、却下された。WTOのルールでは、国家の法律が世界の自由貿易に反しているか否かが問われた場合、原告側が法律の貿易制限を証明するのではなく、被告側が貿易制限になっていないことを証明しなければならず、被告側が自らの意志を貫徹するのは難しい。WTOは、その後、米国とカナダが報復措置として一億二五〇〇万ドルを超える貿易制裁を科すことを認め、ヨーロッパの輸出品には重い関税が課せられることになった(Hertz 2001)。

国家的統治に及ぼす非国家的主体の影響は、それだけにとどまらない。現代の企業や業界団体は、経済活動に必要な制度的条件を自らの手で創出している。それが「私的権威の台頭」である。

国際政治学では、国家間の協力関係を規定する「国際レジーム」に対して、非国家的主体をも含む諸主体によって構築される統治の仕組みを「グローバル・ガバナンス」と呼んでいる。今でも貿易や環境などの分野では国際レジームが基幹的なレジームとなっているが、会計、保険、証券、国際仲裁、情報通信といった新しい分野では非国家的主体による秩序形成が進んでいる。グローバル・ガバナンスの中で特に注目されている分野が、非国家的主体によって形成される「グローバル・プライベート・レジーム」である(以下、「プライベート・レジーム」と略記)。

プライベート・レジームは、国家から自立的に形成された、非国家主体間の自己規律的レジームである(山本 二〇〇八)。その目的は、世界共通のルールを策定したり、主体間の取引費用を軽減させたり、社会一般からの信用を得られるシステムを構築したりすることにある。ただし、プライベート・レジームは、国家間レジームや国家と無関係ではなく、国家間レジームに対して「分業・共存・補完・競合」といった多面的な関係を有している。

プライベート・レジームの代表例としては、(1)現代に蘇った西欧中世の普遍的な商慣習「レクス・

メルカトリア」、⑵国際会計基準となった「ＩＡＳ／ＩＦＲＳ」、⑶品質・環境・食品安全などに関する国際基準となった「国際共通基準」（ＩＳＯ９００１、ＩＳＯ１４００１、ＩＳＯ２２０００など）、⑷環境保護に関する認証制度としての「森林管理協議会（ＦＳＣ）認証制度」や「海洋管理協議会（ＭＳＣ）認証制度」などが挙げられる（阪口　二〇一三）。ここでは最初の二つのケースを取り上げて、領域的限定からの乖離を説明しよう。

西欧中世の普遍的な商慣習だった「レクス・メルカトリア」は、国際商事仲裁の台頭とともに復活した。

国際商取引の発達にともなって、外国の取引相手とのトラブルが起こりやすくなったが、その際、紛争解決手段には「訴訟（裁判）」と「仲裁」という二つの方法が存在する。訴訟の場合には紛争当事者の一方が属する国の法律を準拠法にして裁判が行われるのに対して、仲裁の場合には紛争当事者間の合意のもとで第三者に裁決が委ねられる。

国民国家の集合であるウェストファリア体制のもとでは、国際法は国家間の関係のみを対象にしているため、私人間の関係がたとえグローバルなものであっても、特定の国内法によって解決する必要がある。国内では私人間の紛争を第三者の立場で解決する私法（民法）が存在するが、国際私法はそれとは異なり、どの国（地域）の法を準拠法とするのかを決定する法を意味する。国際私法は、国家間の法の抵触を解決することを目的としていることから「抵触法」とも呼ばれている。

したがって、特定の国内法に依拠する訴訟と比べて、仲裁には多くの利点がある。すなわち、⑴第三者である私人ないし私的法廷において裁決がなされる「中立性」、⑵第三者が国際ビジネス紛争に関する職業仲裁人であるという「専門性」、⑶仲裁手続きや仲裁判断が非公開であるという「秘密保護」、⑷手続き運営のルールを当事者の合意に基づいて柔軟に決められる「手続きの柔軟性」、⑸一回限りで終審となる「手続きの迅速性」、そして、⑹強制執行がなされる「強制執行可能性」などである。最後の強制執行可能性は、ニューヨーク条約という国際仲裁に関する条約によって担保されているが、この点を除くと、国際商事仲裁は国家法の外部にある。

以上に列挙した理由から、一九八〇年代以降、国際商事仲裁が急速に発達し、国際的な紛争解決の一般的な手段となった。世界各地に常設の仲裁機関が設置され、各種の業界団体は業界ごとの自主規範である統一約款と標準契約書式を整備してきた。喜多川篤典によれば、国際商事仲裁は社会契約に関する個別法の一つではない。業界団体の自主法廷という性格を帯び、国家から半ば自立した社会空間を形成している（喜多川 一九七八）。国際商事仲裁が「私的政府」を確立するテコとなる可能性もあるという。

そうした状況の中で復活してきたのが、レクス・メルカトリアである。西欧中世の国際的な商慣習だったレクス・メルカトリアは、一八世紀から一九世紀にかけて近代的な国家法や裁判制度が整えられていく過程で、いったん国内法に――大陸諸国では国家法としての民・商法典に、イギリスではコモンローに――吸収されたが、その後、経済のグローバル化とともに国家法から自立した。そして、今では再びレクス・メルカトリアを考慮に入れつつ、現代のグローバル商取引に適用可能な新しいルールや法源が生み出されている（新堀 二〇〇六）。その中には、後述するユニドロワ国際商事契約原則のように、将来、国内法に組み込まれることを意識して作成されたルールもあるが、いずれにしても、グローバルなレベルで通用する公的な性格をそなえた秩序が非国家的主体によって創り出されてきたのである。

プライベート・レジームのもう一つの代表的な事例として、国際会計基準がある。会計基準というのは、企業が財務諸表を作成するためのルールである。財務諸表は、企業の経営実績を表す情報として株主が利用するだけでなく、投資家が投資先を選んだり、国家が企業から税を徴収したりする際にも利用される。そうした財務諸表の作成の仕方を規定しているのが、会計基準である。それゆえ、会計基準のあり方は、企業だけでなく社会に対しても少なからぬ影響を及ぼす。

会計基準も、かつては国ごとに異なっていた。日本では、一九九〇年代後半まで会計基準の設定権限を握っていたのは大蔵省（当時）であり、その管轄下の企業会計審議会だった。会計基準の国際化に向けた動きが始まったのは、海外における企業の資金調達が始まる一九七〇年代である。一九七三年に国際会計基準委員会ＩＡＳＣ（International Accounting Standards Committee）が、国際会計基準ＩＡＳ（International Accounting Standards）を作成した。この委員会は、日米欧の会計士団体を会員とする職業会計士団体の付属機関で、民間組織である。国際会計基準は海外の投資家にも分かる共通のルールを作成する必要から生まれたが、ＩＡＳは各国の異なる会計基準に配慮した緩い基準であった。

会計基準の統一・収斂に向けた動きが本格化するのは、資本の国際移動が活発化した一九八〇年代以降のことである。二〇〇一年には、国際会計基準委員会ＩＡＳＣが国際会計基準審議会ＩＡＳＢ（International Accounting Standards Board）に組織改編されるとともに、ＩＡＳを改定した国際財務報告基準ＩＦＲＳ（International Financial Reporting Standards）が作成された。それまでは米国の会計基準が世界標準とみなされていたが、EUが二〇〇二年にIAS／IFRSを原則採用する方針を決定したのを機に、状況が大きく動いた。その後、EU、オーストラリア、ブラジル、韓国、カナダ、メキシコといった国々がIFRSの強制適用に踏みきり、さらに米国も米国会計基準とIFRSの収斂に合意した。その結果、IFRSが国際会計基準のデファクト・スタンダード（事実上の標準）となった（松原 二〇〇八）。

日本の大蔵省は、当初、民間組織によって設定された会計基準が世界標準になるとは考えておらず、傍観的な態度をとっていた。ところが、米国を含む各国がIFRSを認めたため、急遽、方針転換をはかった（磯山 二〇〇二）。IASBへの参加資格をもつのは民間人に限られていたことから、二〇〇一年に財務会計基準機構という、大蔵省から独立した民間組織が設立され、日本もIASBに加わった。そして、二〇〇七年には、その下部組織である企業会計基準委員会ASBJ（Accounting Standards Board of Japan）とIASBの間で収斂に向けた合意がなされ、日本でも会計基準の改正が加速された。

会計基準の見直しは、日本企業の経営戦略にも影響を与えている。これまで日本企業は長期的な協力関係のメリットを得るために関連企業の間で株式持合を行い、評価損益を純損益に含めてこなかった。また、短期的な利益よりも売上高の増加やマーケットシェアの拡大を重視してきた。しかし、会計基準の見直しによって、株式持合を再検討し、株主を重視した経営戦略に舵を切ろうとしている。グローバル化の波を受けて日本的経営の仕組みが変化する可能性も生まれてきたのである。

いずれにしても、企業や業界団体は自らの手でグローバルな経済秩序のルールを設定するようになった。企業や業界団体は、組織内や団体内では常に集合的な意思決定という政治的機能を営んでいるが、機能分化が確立された段階では、経済システムの枠組みを形成する政治的権限は国家に委ねられていた。ところが、経済のグローバル化が進展した今日、企業や業界団体は、経済秩序の枠組みを形成するという、これまで国家が握っていた政治的権限を部分的とはいえ掌握した。経済秩序の形成が非国家的主体のもとで進められるようになったことは、国家の政治的な意思決定を迂回する点で、国家のバイパス化を意味している。現代社会の統治空間は、もはや国境によって国内と国外が相互排他的に分節された空間ではなくなっているのである。

前章で述べたように、西欧中世社会の歴史は、団体が誕生・発展していくプロセスでもあった。領主と家臣の人格的・私的な結合の連鎖にすぎなかった封建社会の内部に、最初はギルドや都市のような局所的な団体が、次に身分のような広域的な団体が重層的に積み上げられていった。近代に入ると、社会（国家）と個人の二項対立が顕在化し、国民国家が形成される中で「中間組織」と呼ばれる中世の団体が消滅していった。このことから、中世の団体は前近代的・封建的な組織とみなされてきたが、実際には中世の団体こそ公私の分離を生み出す先駆的な存在だった。中世から近代への移行は、中世的な団体が国民国家という、より包括的な団体に統合・吸収されていくプロセスだったのである。

そして、今や団体構造に再び変化が訪れようとしている。各種の団体が国民国家の枠を超えたグローバルな活動を展開したことをきっかけに、秩序形成をめぐる団体間の覇権争いが始まった。業界団体が創り出す秩序は、分野としては個別的・私的だが、領域的にはグローバルかつ公的な性格をそなえている。国民国家は、もはやナショナルおよびグローバルな秩序の生成に与《あずか》る唯一の政治的主体ではなくなったのである。

このように、貨幣が脱領土化し、プライベート・レジームが出現した今日、国民国家を成り立たせてきた領域的限定は経済的・政治的な意味で失効しつつある。領域的限定からの乖離によって、経済的次元では租税回避という形で貨幣の国外流出が進む一方、政治的次元では国家の外部で非国家的権力が発生し、その影響が国内にまで浸透するようになった。いずれの意味でも、領域的限定からの乖離は国家主権や国民主権の前提を掘り崩しているのである。

3　規範的限定からの乖離

ソフトローの出現

近代民主主義の第二の特徴は、実定法に支えられた近代的立憲主義にある。政治システムと法システムは、実定法としての憲法を介して構造的にカップリングしている。実定法は主権者の人為的意志（命令）に基づいて法の制定・改変が行われる法であり、実定法にはそれ自体の改変手続きを規定した「手続き法（セカンダリー・ルール）」が組み込まれている。このような特徴をもつ実定法は、法を宗教や道徳のような社会規範から分離する規範的限定によって誕生した。社会統治に必要な規範が実定法に集中した結果、主権者の意志に基づく法的な統治が可能になったのである。

ところが、プライベート・レジームは国民国家を迂回する形で形成されるため、それを構成する規範も実定法という形態をとらない。プライベート・レジームの形成が統治主体の多様化をもたらしたように、社会を統治する規範も多様化したのである。国際政治学の中でプライベート・レジームとして扱われてきた現象は法学ではソフトローとして論じられているが、ソフトローの台頭こそ規範的限定からの乖離を意味している。

国際法学から始まったソフトロー研究は、今では法学全般にまで広がりを見せている。法学においてソフトローは、実定法を意味するハードローと対比されてきた。ハードローが民主的な手続きを経て制定され、裁判所などの国家機関によるエンフォースメント（執行）が保障されているのに対して、ソフトローは実定法ではないにもかかわらず、社会生活において拘束力を有している。つまり、社会統治のための規範がソフトローという非実定法規範へと拡散されてきたのである。

ソフトローは、具体的には「条約に至らない非公式の国家間の合意、業界団体の内部で用いられる契約のひな型、団体内の明示的・黙示的なルールといった様々なかたちで存在する」（中里 二〇〇八、二六―二七頁）。中里実によれば、タックス・ヘイブンの法律も形式的には国家法であるが、準拠法として用いられる場合にはソフトローに準ずるという。

ソフトローにはセカンダリー・ルールを定めていないものが多いが、藤田友敬によれば、形成主体と執行形態に着目すると、いくつかのタイプに分けられる（藤田 二〇〇八）。すなわち、第一は、企業倫理やCSR（企業の社会的責任）のように、非国家的主体によって形成され、国家によるエンフォースメントもない規範。第二は、労働法上の努力義務規定のように、国家によって形成されるが、国家によるエンフォースメントが欠けている規範。第三は、会計基準や商慣習法のように、非国家的主体によって形成されるが、裁判などを通じて国家がエンフォースする規範。そして第四は、国家が形成し、エンフォースする規範（ハードロー）であるが、ハードローとソフトローの間には接点がある。例えば、納税義務はハードロー、それに関する通達・解釈指針はソフトローになるという。

プライベート・レジームと同様に、ソフトローが形成されると、その影響は国内にも浸透してくる。ソフトローは、たとえ国家の外部で形成されたものであっても、裁判による判例の蓄積や新たな法制定という形で国内法に埋め込まれる可能性をもっている。サスキア・サッセンは、知的財産権を例にとって、国際経済法が国内法から自立した上で再び国内法に挿入されることを指摘しているが（Sassen 2006）、そうした傾向は他のケースにも見られる。

例えば、ユニドロワ国際商事契約原則は、ユニドロワという、一九二六年に国際連盟の下部機関として創設され、一九四〇年に国際連盟から独立した民間の国際研究機関が定めたソフトローであるが、国内法で採用されることを想定している。この原則は、いわば「新しいレクス・メルカトリア」の成文化のための準則を示している。

ユニドロワは、それまでにも数多くの条約の原案を起草してきたが、国際商事契約原則の作成にあたっては、従来とは異なり、条文の形式で提示された一連の商事契約原則が各国の国内法で採用され、最終的には商事法の国際的な統一を達成することを目指している。それゆえ、ユニドロワ国際商事契約原則は、レクス・メルカトリアや既存の法の「再述（Re-Statement）」ではなく、新たな成文化に向けた「前述（Pre-Statement）」だとされる（新堀 二〇〇六）。

ソフトローが国際商取引や情報通信といった現代社会の先端分野で発展を遂げてきたのは、ソフトローが実定法にはない柔軟性を有し、既存の法体系と調和する必要から解放されているためである。しかし、それだけに、ソフトローが国内法に挿入される際には、国内法と齟齬をきたす可能性もある。実際、レクス・メルカトリアと国内法の関係をめぐっては、欧米で大きな論争が巻き起こった。各国の実定法では国際取引に関する規定がない以上、レクス・メルカトリアは抵抗なく受け入れられているとする見方と、国内法に対して挑戦的な性格をそなえているとする見方が存在したのである。いずれにしても、ソフトローは非実定法である以上、その普及は規範的限定からの乖離を意味している。法を道徳や宗教から切り離し、社会的相互行為を規定する規範を実定法に限定することで、主権者たる国民は（代表者を介しつつ）自らの意志で自らを拘束する規範を創出しえたが、ソフトローは国民の与り知らないところで形成され、それでいて実定法の世界の中に浸透してくるのである。

中里実は、ソフトローによって産み出される「私的政府、私的な租税、私的な法制度」の可能性に言及している。

> 私的に形成された（あるいは、市場で自生する）私的な「法」が影響力を増し、かつ、その形成主体が私的な「権力」を保有するときに、当該主体は、私的な「擬似国家」となる。そうであるとするならば、私たち公法の専門家は、国家の存在をア・プリオリなものとしてしまわないで、少なくとも、公法と私法の差異、国家と企業の差異、等々について、きわめて基本的なところから、再検討する必要性に迫られているといえよう。（中里 二〇〇八、三二頁）

立法から司法へのパワーシフト

規範的限定からの乖離には、ソフトローの台頭と並んで、もう一つ注目すべき現象がある。それは「立法から司法へのパワーシフト」である。ソフトローが多用される世界では、立法より司法の役割が大きいことが知られている。これに関しても、近代社会の形成過程で生じた変化に逆流する動きが生じている。

法の形成には、いつの時代にも立法と司法が関わってきたが、立法と司法では、法の形成の仕方が異なっている。立法の場合には法の内容が事前に、すなわち法が執行される前に確定されるのに対して、司法の場合には法の内容が司法的判断の積み重ねによって事後的に確定される。

第二章で述べたように、西欧の中世法は基本的に慣習法であり、しかも法源は神や人々の正義感情にあったため、立法の可能性は著しく制限されていた。王の政治的権力の拡大に寄与したのは、立法権ではなく、裁判権である。王は国王裁判所を設置し、普通法としてのローマ法を利用して封建領主のインムニテート（不輸不入権）を打破していった。一方、官僚機構の整備だけでなく、立法化に関しても国王に先んじていたのは、カトリック教会だった。教皇至上権が確立された一三世紀以降、ローマ教皇が各地の教会に向けて発した教皇令が、教会法に組み込まれていく。ここに、主権者の命令が法となる実定法の原型を見ることができる。そして、存在と当為が明確に分離した一九世紀になって、主権者の命令によって法が制定される実定法が確立された。

したがって、中世の慣習法から近代の実定法への移行は、司法に対して立法の力が増大する歴史でもあった。ところが、ソフトローの台頭は再び司法の力を呼び覚ましている。ソフトローの多くが法的な裏づけのないまま強い拘束力をもちうるのは、デファクト・スタンダード（事実上の標準）になっているからである。デファクト・スタンダードという事実＝存在性こそ、行為規範としてのソフトローの価値＝当為性を担保している。

ただし、ソフトローの実効性は、慣習や伝統のように、それが受け継がれてきた事実＝存在性によってではなく、広く社会的に共有されている事実＝存在性によって担保されている。時間的な長さが空間的な広がりに置き換えられているのである。ネットワーク化が進んだ現代社会では、広く共有されている事実それ自体が価値を帯びる傾向にある。事実が価値を生み、その価値がさらに事実を強化していくのである。

デファクト・スタンダードとなったソフトローは、事実と価値、存在と当為の融合的な位相の中で形成されるため、そこに働く法的メカニズムも立法ではなく司法である。国際取引や情報通信のような先端分野では、起こりうる無数の出来事を予測しながら法という一般的・抽象的なルールを策定するのは難しい。それよりも、現実に起こった出来事に対して司法的判断を下し、判例を積み重ねていくほうが現実的である。こうして、ソフトローの世界では立法から司法へのパワーシフトが起こっている。

規範的限定は国民主権のもとで社会規範を形成することを保障したが、ソフトローの台頭は実定法（ハードロー）という形態をとらない社会規範の領域を拡大させただけでなく、立法という法的コントロールの実効性をも低下させているのである。

近代社会においても、統治に必要な規範のすべてが実定法化されたわけではなく、立法的な手続きを経ることなく慣習的・自生的に形成された規範も少なくない。とはいえ、近代民主主義は、権力主体を各国家や各国民に、そして統治規範を実定法に集中させることで成り立ってきた。そして、近代的立憲主義に関する議論は、主権権力と実定法を前提にした上で、両者の関係を問題にしてきた。すなわち、法に基づいて適切な権力行使がなされているか否か、権力が個人の自由や平等を実現するように行使されているか否か、といった具合である。

しかし、領域的限定からの乖離として統治権力の主体が国家や国民以外の主体へと拡大し、規範的限定からの乖離として統治規範の形態も非実定法的な規範へと拡散してきた結果、主権権力と実定法による統治の可能性が狭められてきた。両者の関係が問題になる以前に、主権権力と実定法に基づく統治の仕組みそのものが相対化されてきたのである。こうして、国家統治に果たす実定法の効力が低下する中で、国民主権とともに近代的立憲主義も限界づけられてきたのである。

4　方法的限定からの乖離

パブリック・ガバナンス改革

政治システムには、法や政策の立案・策定に至るまでの「狭義の政治」と、法や政策の実施・執行に関わる「行政」という二つの局面がある。前章で説明したように、絶対主義の時代には、近代民主主義を構成する権力循環の回路はまだ確立されていなかった。政党政治は特権階級による寡頭政治的な性格を帯びており、国家の官僚機構も全国統一の基準で税を徴収できる体制になっていなかった。その後、「狭義の政治」過程では普通選挙制度を前提にした代表原理が導入され、「行政」過程でも官僚機構の整備にともなって、国家が多様な公共政策を一手に引き受けるようになった。これらは、いずれも機能集中としての方法的限定を意味している。

ところが、現代社会では「狭義の政治」と「行政」のいずれの局面でも、方法的限定からの乖離が進んでいる。まずは「行政」のほうから見ていこう。

近代社会において、公的領域の成長と強化は一八世紀以来の一貫した流れであったが、一九七〇年代以降、その流れが反転した。国家財政の悪化に直面して効率的な行政運営を行う必要に迫られた国家は、パブリック・ガバナンス改革に乗り出したのである。これまで自らが集中的に担ってきた公共政策の執行を、そのすべてではないが、民間組織に委ねるようになった。パブリック・ガバナンス改革は、一般に「ガバメントからガバナンスへの移行」として知られている。政府による統治が、政府、企業、NPOといった多様な主体による統治に移行してきた。国際レジームからグローバル・レジームへの移行にともなって、グローバルなレベルの統治主体が多様化したのと同様の現象が、ナショナルなレベルでも起こったのである。

パブリック・ガバナンス改革は、大きく「新公共管理の導入」と「新公共ガバナンスへの移行」という二つの段階に分けられる。

まず、一九八〇年代に「新公共管理（New Public Management）」が導入された（大住 一九九九）。教育、福祉、医療など、さまざまな社会領域で新自由主義的な改革が進められたが、行政領域もその例外ではなかった。新公共管理は、中央政府・地方政府を問わず、日本を含む世界各国で導入された。新公共管理は市場メカニズムの活用、業績主義的評価、ヒエラルヒーの簡素化といった多様な要素から成り、また国有企業の民間部門への譲渡、エージェンシー化など多様な形態をとるが、その狙いは規制緩和と民営化によって行政運営の効率化をはかることにある。

新公共管理の導入後、行政運営が効率化された反面、民営化や競争原理による弊害も目立ってきた。効率性が優先されるあまり、他の価値が犠牲にされたのである。また、行政サービスの提供がさまざまな民間業者に委託されたことで、市民サービスの提供が著しく煩雑化した。

一九九〇年代に入ると、パブリック・ガバナンスは「新公共ガバナンス」や「ネットワーク・ガバナンス」等々と呼ばれる新しいガバナンス形態に移行した（以下、「新公共ガバナンス」と呼ぶ）。公共政策の目標を達成するために、競争原理に対して協働原理が重視されるようになった。ただし、競争原理が排除されたわけでもなければ、民間組織が活用されなくなったわけでもない。新公共管理から新公共ガバナンスへの移行には、競争原理と協働原理の違いを超えて継承された部分がある。それは、国家が政策の計画・立案を担当し、民間組織が政策の執行を担当するという分業関係のもとで、政府が民間組織を舵取りする、というガバナンス構造である。

こうして、統治の主体が多様化し、統治が国家と非国家的主体によって担われるようになったが、新公共管理から始まるパブリック・ガバナンス改革の影響は、それにとどまらない。そのことを理解するには、もう少し舵取り型ガバナンスの構造について詳しく見ておく必要がある。

舵取り型ガバナンスには先駆的な形態が存在している。それがコーポレート・ガバナンスである。

コーポレート・ガバナンスは一般に「企業統治」と訳されているが、正確には企業内の統治構造を表しているのではない。コーポレート・ガバナンスが登場したのは、所有と経営の分離が起こった二〇世紀初頭である。一九世紀の資本家は企業の所有者であると同時に経営者でもあったが、所有と経営の分離にともなって、企業を所有するのは株主、企業を経営するのは経営者となり、株主と経営者の間にはコーポレート・ガバナンスという新しい統治原理が確立された。コーポレート・ガバナンスが市場とも官僚制組織とも異なるのは、次の三つの要素から成り立っているためである。

まず第一に、株主と経営者は、経済学で言う「本人（プリンシパル）／代理人（エージェント）」の関係にある。株主は企業経営の専門家ではないので経営者に企業経営を委ねるが、株主はいっさいの権限を経営者に譲り渡すのではなく、経営者に対して舵取りの権限を有している。舵取りは統制的メカニズムの一種であるが、指揮・命令に基づく統制と違って「脱統制的な統制メカニズム」である。それを支えているのが、以下の二つの要素である。

第二に、株主と経営者の間には「問責と答責」という応答的な関係が成り立っている。株主は、経営者をモニタリングするとともに（問責）、経営者は株主の期待に応えなければならない（答責）。株主の目的は株価の高騰と配当の増収にあり、監査を通じて経営者の業績を評価する。株主の目的をどのように達成するかは株主の代理人である経営者の自律的な判断に委ねられるが、経営者は株主に対するアカウンタビリティとして資金を適正に運用・保全し、企業の経営実態を株主に報告しなければならない。アカウンタビリティは「説明責任」と訳されているが、「会計（アカウンティング）責任」に由来し、結果責任と説明責任の両方を含んでいる。経営者にとっては、健全な企業経営と業績拡大を実現することが結果責任を果たすことになる。

そして第三に、経営者に対する株主の統制手段として用いられるのが貨幣である。企業組織の内部ではトップの命令が底辺にまで及ぶ垂直的な統制が働いているが、株主の経営者に対するコントロールはそのような垂直的な統制ではない。株主は貨幣を権力手段にすることで、経営者に対して「非統制的な統制」を及ぼす。例えば「業績連動型報酬制度」では、経営者の業績を評価し、業績結果に応じて金銭的報酬が支払われる。報酬の引き上げはプラスのサンクション、そして報酬の引き下げはマイナスのサンクションとして作用する。

このように、コーポレート・ガバナンスは「モニタリング／アカウンタビリティ」と「貨幣的コントロール」を通じて「本人」である株主が「代理人」である経営者を舵取りする仕組みを表している。新公共管理と新公共ガバナンスは多様な形態を含み、各国に導入された形態も異なっているが、政府と民間組織の間にはコーポレート・ガバナンスに類似したガバナンス構造が創り出された。例えば、新公共管理と新公共ガバナンスのいずれにも含まれる形態として、民間の資金や能力を活用して公共施設などの建設・維持・運営管理を行うＰＦＩ（Private Finance Initiative）がある。

ＰＦＩは「官民パートナーシップ（ＰＰＰ＝Public Private Partnership）」の中心的形態であるが、すでに新公共管理の時代に登場していた。野田由美子は、ＰＦＩの有効性を支える要因として、次の四点を指摘している（野田　二〇〇三）。すなわち、⑴行政組織が達成すべき行政サービスの品質や性能を定めた上で、行政サービスの提供を民間事業者に委ねる「性能発注に基づく一括管理」、⑵行政組織が民間事業者の活動をモニターし、貨幣的価値に見合った行政サービスを提供したか否かを評価する「ＶＦＭ（Value For Money）監査とアカウンタビリティ」、⑶業績結果に応じて民間事業者に金銭的支払がなされる「業績連動支払」、そして、⑷事業委託とともにリスクを移転させる「民間へのリスク移転」である。

この中で、最初の三つはコーポレート・ガバナンスの三つの要素と重なっている。「性能発注に基づく一括管理」では、行政組織が行政サービスの内容や達成すべきサービスの品質・性能を定めるが、その目標をどのように実現するかは民間組織の手に委ねられる。これによって行政組織と民間組織は「本人／代理人」の関係に置かれる。そして、行政組織は「ＶＦＭ監査とアカウンタビリティ」および「業績連動支払」によって民間組織に対する舵取りを行うが、この行政組織と民間組織の関係は株主と経営者の関係と同型である。要するに、公共政策の企画立案と執行を分離し、政府が公共政策の執行を民間部門に委託した上で、「モニタリング／アカウンタビリティ」、「貨幣的コントロール」を通じて政府が民間部門を舵取りするのである（正村編 二〇一七）。

今日、このようなガバナンス構造が、教育、福祉、医療など、これまで国家が担ってきたさまざまな公共領域で形成されつつある。そして、このことが、次に説明するように方法的限定からの乖離として、二重の意味で近代民主主義を掘り崩す可能性をもたらしているのである。

立法から行政へのパワーシフト

まず、現代社会の制御様式が大きく変化してきた。近代民主主義のもとでは、主権者たる国民の意志を実定法に反映させ、実定法に基づいて政策が策定・遂行されるため、社会の制御様式は構造的・

事前的な制御という特徴を帯びている。実定法は社会的行為に関する一般的・抽象的な規範として社会構造を規定しており、立法という事前の手続きに基づいて形成される。

ところが、パブリック・ガバナンス改革と公共領域における新自由主義的な改革が進んだ結果、現代社会では構造的・事前的な制御から過程的・事後的な制御への転換が進行している。というのも、「モニタリング／アカウンタビリティ」、「貨幣的コントロール」を組み込んだ「本人／代理人」関係が行政過程で確立されると、代理人の業績が事後的に評価され、その評価結果に基づくフィードバックが不断に働くようになるからである。

例えば、これまで国家が担ってきた行政機能の一つに教育行政があるが、日本で新自由主義的な教育改革が行われた際、その改革を導いたのが「事前規制から事後評価へ」という理念だった。それまで教育の分野でもさまざまな事前規制が設けられていたが、教育改革を通じて大幅な規制緩和がなされるとともに、教育の質保証を目指して事後評価が導入された。

新自由主義的な教育改革を通じて、国家と教育組織の間には、「モニタリング／アカウンタビリティ」、「貨幣的コントロール」を用いて国家もしくは準国家的機関が教育組織をコントロールする関係が築かれた。例えば、日本では大学に対して第三者評価を行うのは「大学評価・学位授与機構」（のちに国立大学財務・経営センターとの統合により「大学改革支援・学位授与機構」に変更）という準国家的機関である。大学は国家もしくは準国家的機関が定めた評価基準に基づいて評価を受け、その評価結果に基づいて資金配分がなされる。

日本では、新自由主義的な教育改革は特に高等教育で進んだが、初等・中等教育でも、全国共通学力テスト、学校選択制、学校の自己評価と外部評価、成果主義的評価システムなどが導入された。そして、民間委託の範囲も、通学バス、給食、清掃といった周辺業務から、給与支払、出勤管理、業績監視、カリキュラム開発、試験の実施といった中核的な業務にまで広がっている。国によっては、イギリスのアカデミー制度や米国のチャータースクールのように、民間組織が公的資金援助を受けながら学校を運営する「官民パートナーシップ（ＰＰＰ）」も誕生した。

こうして、教育という公共領域では、国家と学校組織、国家（もしくは学校組織）と民間組織の間に舵取り型のガバナンス構造が形成され、脱統制的な統制メカニズムに基づく過程的・事後的な制御が働くようになった。

その結果、国家の役割と統治の方法が変化した。ガバナンス改革を通じて、国家は一方では以前にもまして強大な行政権限を獲得した。新自由主義的な教育改革に先鞭をつけたイギリスでは、学校選択の自由化や学校運営の自律化がはかられた反面、全国共通のナショナル・カリキュラムとナショナル・テストの導入、そしてテスト結果に基づく学校予算の業績的配分などによって、学校に対する国家の統制権限が強化された。「大きな政府から小さな政府へ」という目標とは裏腹に、新自由主義的な教育改革は集権的な教育体制を確立したのである。

しかし、その一方で、行政府の強化は立法府の権限奪取にもつながった。ガバナンス改革を通じて強化された国家機能は行政府であり、しかもその行政府というのは、立法府が決定した政策の実行機関としての行政府ではない。新たなガバナンス構造の制御中枢となった行政府もしくは準国家的機関である。つまり、新自由主義的な改革は、立法府の権限を縮小させたという意味では「小さな政府」

を実現したのである。

こうして、方法的限定からの乖離は、統治主体の多様化をもたらしただけでなく、社会の制御様式を変化させることで「立法から行政へのパワーシフト」を促した。ソフトローの台頭が規範的形態を拡散させたのに対して、社会的な制御様式の転換は「法の制定と法による統治」を迂回する脱規範的な統治様式を誕生させた。過程的制御に重きを置くガバナンス構造が社会に定着すると、構造生成要因としての規範の役割が低下し、近代民主主義が前提していた方法的プロセスをすり抜けるような統治が行われることになる。

ガバメントは政府による垂直的な統治であり、ガバナンスは政府、企業、ＮＰＯなどによる水平的な統治であることから、ガバナンスはガバメントより民主的な統治だと一般には受けとめられている。しかし、「ガバメントからガバナンスへの移行」は、少なくとも近代民主主義に対してはネガティヴな影響を及ぼしている。コリン・ヘイは、新自由主義の定着は、それ自体が強力な脱政治化の作用をともなう合理化の帰結であり、新自由主義が常態化される中で、公式的な政治的討議と説明責任の空間が劇的に縮小した、としている（Hay 2007）。

行政の遠隔化にともなう統制喪失

ガバナンス改革が近代民主主義に与えた影響は、それだけではない。政府は他の主体に政策遂行の業務を委託した以上、国家の意志、ひいては国民の意志を貫徹しうる保証はない。政府が自ら担っていた政策の執行を他の組織に委ねることは、政府が他の組織を介して間接的に遂行するという点で

「行政の遠隔化」にあたるが、行政の遠隔化は統制喪失に陥る危険を孕んでいる。

例えば、米国では教育現場に民間組織が参入する中で「公教育の崩壊」が懸念されている。米国の新自由主義的な教育改革は共和党のレーガン政権下で始まった。学校を自由に選べる学校選択制、公設民営のチャータースクール制、学校予算（税金）の流動的な配分を可能にするバウチャー制などが導入され、改革は民主党のオバマ政権下でも継承された。二〇〇八年のリーマン・ショック後、オバマ政権は、(1)全米共通の学力基準の適用、(2)生徒のテスト点数のデータベース化、(3)底辺校を閉校して公設民営のチャータースクールを開校するターンアラウンド・モデルの採用、(4)生徒のテスト結果と結びつけて学校、校長、教員を評価する制度の導入、(5)チャータースクールの設置数の上限撤廃という五つの参加資格のもとに、連邦政府助成金獲得競争を導入した。

その結果、教育組織に対する国家の統制力が以前より増した反面、公教育の崩壊が進んだ。例えば、公的資金の援助を受けて民間組織が学校運営にあたるチャータースクールでは、学校に配分された予算の中から多額の資金が自校の宣伝に使われたり、教員免許をもたない若者が安い賃金で雇用されたり、閉校によって教師が一斉に解雇されたりするなど、さまざまな弊害が指摘されている。チャータースクールの失敗率は従来の公立学校の失敗率を上まわっているとも言われる。

鈴木大裕は、米国の公教育の現状について次のように語っている。

今日のアメリカの公教育政策を陰で動かしているのは、ピアソンに代表される教育産業、そしてゲイツ財団、ブロード財団、ウォルトン財団のように「慈善事業を投資と見なす」ベンチャー慈善財団であり、本来の民主主義の枠組みの中で理解しようとしてもつじつまが合わない。ここに見られるのは、「公」と「教育」という社会の根幹となる概念の崩壊であり、民主主義そのものの危機だ。（鈴木 二〇一六、一九頁）

パブリック・ガバナンス改革は政府の非効率性を克服することを課題としてきたが、複数の統治主体から成るガバナンスは政府の機能不全という新たな問題を発生させた。ドナルド・ケトルは、政府が機能不全に陥る原因を「代理政府」、「ネットワーク政府」、「協働的ガバナンス」と呼ばれるガバナンス構造に見出している（Kettl 2009）。義母が養護老人ホームで受けた看護と、二〇〇五年にハリケーン・カトリーナがもたらした惨事を取り上げ、どちらの事例においても、公的組織、民間企業、NPOが結びつく中で、各主体の役割が不明確で統括者が不在になったことが問題の原因である、とケトルは指摘する。

しかも、ケトルによれば、米国では政府と民間事業者の委託関係の複雑さに対処するために、「システム統合担当社（LSI）」と呼ばれる、政府に代わって施策の管理を行う巨大請負企業も誕生した。LSIの登場によって、政府はすべての民間事業者と個別に委託契約を結ぶ事務作業から解放される反面、契約の監視のみならず、政策立案や施策の設計に関しても、LSIに依存するようになった。今では政府が他の民間企業から何を購入するかを決める業務を総合マネジメント業者に委託するまでになっている。

さらに、行政の遠隔化は、代理人に対する統制の失敗にとどまらず、統制する側の政府が統制される危険をも孕んでいる。今では、国家はさまざまな公共的政策の遂行を民間組織に委託しているが、そうした方法的限定からの乖離は、方法的限定が最初に起こった安全保障の分野にまで及んでいる。軍事請負会社の台頭は、物理的暴力の独占という方法的限定からの乖離を意味している。一九九〇年代以降、東西冷戦の終焉によってそれまで潜在化していた政治的・宗教的な対立が顕在化し、戦争の形態も「国家vs.国家」から「国家vs.テロ集団」に変化してきたことを受けて、軍事請負会社の活動が世界的な広がりを見せるようになる。その活動内容は、非殺傷的援助や補助、軍事コンサルタント（助言と訓練）、軍事役務（実戦と指揮）と多岐にわたっている。

軍事業務の民間委託は政府にとってはコスト削減というメリットをもっているが、デメリットもある。国家間の戦争であっても、業務中の軍事請負会社が戦線離脱を決めた場合には、国家がそれを阻止することは法的に不可能であり、また逆に軍事請負会社が自己の利益を追求して国家に敵対する可能性もある。ピーター・W・シンガーによれば、ニッコロ・マキャヴェッリ（一四六九―一五二七年）はすでに傭兵の危険性を見抜いていたが、現代の傭兵である軍事請負会社に関しても政府の統制喪失の危険があると説いている（Singer 2003）。

このように、一連のパブリック・ガバナンス改革は、統治主体の多様化とともに、舵取り型ガバナンスの形成を通じて「立法から行政へのパワーシフト」と「統制喪失の危険」をもたらしたのである。

構造的・事前的な制御様式から過程的・事後的な制御様式への転換は、統治の重心を立法から行政に移動させただけでなく、官僚機構のもとで法や政策を実現する近代民主主義の方法的プロセスを迂回するような社会の統治様式を創り上げた。社会を統治するための規範がソフトローという非実定法規範に拡大しただけでなく、非規範的な制御様式が取り入れられたことで立法的プロセスからの離脱がいっそう進んだのである。また、行政府の権限が拡大されたといっても、行政府も統制喪失に陥る危険にさらされている。政府と民間組織、とりわけ企業は第一次的機能が異なる以上、政府が自らの意志を貫徹できないどころか、政府が民間組織によってコントロールされる可能性も生まれてきたのである。

公的政策過程のバイパス化

「行政」過程における方法的限定からの乖離は、二つの対照的な変化を示していた。すなわち、立法から行政へのパワーシフトを通じて実効的な権力が政治システムの外部に拡散する一方、統制関係の逆転という形で政治システムの外部で働くはずの権力が内部に浸透してきた。この二つの変化は政治システムの境界をまたいでいる点で共通しているが、これに類することが「狭義の政治」過程でも起こっている。

まず、新自由主義的な改革が進展する過程で「公的政策過程のバイパス化」とも呼ぶべき現象が見られる。米国ではレーガン政権のもとで新自由主義的な改革が始まったが、その際、多くの規制緩和は新たな立法措置によってではなく、規制委員会と規制機関のもとで実現された。議会の審議を経ることなく、規制委員会が既存の法を再解釈する形で新たな規制機関を設けたのである。

サスキア・サッセンによれば、このことが結果的に議会の監督機能の著しい喪失と官僚制の公的権限の著しい増大を招いた。

一九八〇年代を出発点とする時代には、議会に新たな法律をつくらせるのではなく、古い法律の行き過ぎた再解釈に基づく、大統領による「立法」とも言うべき現象が見られた。立法府は政治的なプロセスで休業状態にある。（Sassen 2006／二〇二頁）

日本でも、一九九〇年代以降、新自由主義的な行政改革が行われた。ただし、日本の場合には米国とはやや事情が異なる。戦後日本の政策形成に主導的な役割を果たしてきたのは大蔵省主計局や各省庁に属する審議会といった行政機関であり、行政改革は「官僚主導・行政主導から政治主導へ」という目標のもとに進められた。その結果、行政機関の凋落が起こったが、それにもかかわらず議会の権限は拡大されなかった。というのも、懇談会のような私的な諮問機関が新たな政策形成主体になったからである。内閣法や国家行政組織法に定められた審議会と違い、懇談会は省令や訓令に基づかず、メンバーの人選や議決方法に関する決まったルールも存在しない。

一九九〇年代以降の政治経済改革について、吉田徹は次のように述べている。

現代政治では政党や会派から構成される議会で物事が決まるのではなく、政治主導の掛け声のもと、実際は民主的に選出されたわけではない、代表としての正当性を持たない集団によって政策の基本路線が決められている〔…〕。（吉田 二〇一一、一三五頁）

日本の新自由主義的な行政改革も、公的な政策形成過程を迂回する新たなルートを切り開いたという点で、米国と同様の帰結をもたらした。法の制定や政策の立案という政治的過程が機能しているとはいえ、議会審議というフォーマルなルートから逸脱する動きが生じている。その意味で、狭義の政治過程においても方法的限定からの乖離が起こっているのである。

貨幣的コントロールとしてのロビー活動

政治的決定過程における方法的限定からの乖離をもたらす、もう一つの要因は、一九七〇年代以降に爆発的に広がったロビー活動である。

「ロビー活動」という言葉はホテルのロビーで大統領に対する陳情が行われたことに由来するが、ロビー活動では各種の利益団体が議員に働きかけて議会の意思決定に直接的な影響を与えている。利益団体は、ロビイストを使って、議員が団体の利益につながる法案を作成したり、団体に有利な法案成立に投票したりするように働きかけている。そのコントロール手段となっているのが貨幣である。

現代において貨幣は、もはや単なる商品交換の手段ではない。パブリック・ガバナンス改革の場合には政府が民間事業者を遠隔的に操作する際のコントロール手段になっていたが、貨幣の権力作用は議会にも向けられている。ロビー活動では、各種の利益団体が貨幣的手段を用いて立法過程に影響を及ぼす。利益団体の中には種々の団体が含まれるが、その中心は何といっても企業である。

ロビー活動は世界各地で展開されており、例えば米国では一九九〇年代に五〇〇〇社以上の企業が首都ワシントンに常設の事務所を開設した。ワシントンにおける登録ロビイストの数は、一九七五年には三四〇〇人だったが、二〇〇五年にはその約一〇倍にあたる三万二八九〇人になった。世界的な金融危機発生後の二〇一〇年には金融の自由化に対する反省を踏まえてドッド・フランク法（金融規制改革法）が制定されたが、その際にもウォール街の金融機関は、この法律の制定を阻むために連邦議会の議員数の五倍以上にあたる三〇〇〇人のロビイストを雇い、同法の制定後もその施行を妨害するために同数のロビイストを投入している（Reich 2012）。

二〇世紀後半以降、グローバルおよびナショナルなレベルで経済的秩序が変化する中で、企業は自らを取り巻く経済的な秩序の形成に乗り出してきた。企業にとっては政策決定プロセスも市場競争の延長線上にあり、自らに有利な秩序を形成できるか否かが死活問題となる。そうした秩序形成のための権力手段になっているのが貨幣である。貨幣は、政府が民間組織をコントロールする権力機能を担うだけでなく、企業やその他の民間組織が政府や議会をコントロールする権力機能をも担いうる。貨幣と権力が結びつくことで、国家の政策形成過程も外部からの影響をこうむるようになった。

このように、政治的な意思決定過程でも、方法的限定からの乖離が進んでいる。近代民主主義の三番目の柱である代表原理に関しては、これまでにも国民の代表者であるべき政治家が地元の代表者としてふるまい、利益誘導政治が行われている、といった批判があったが、代表原理の問題はそれだけではない。「公的政策過程のバイパス化」と「貨幣的コントロールとしてのロビー活動」は、政治的な意思決定過程がその内外から侵食を受けていることを示している。その意味で、この二つの現象は「立法から行政へのパワーシフト」および「行政の遠隔化にともなう統制喪失の危険」とパラレルな関係にある。

5　近代社会の変容

これまで述べてきた「領域的限定・規範的限定・方法的限定からの乖離」は、いずれも政治システムにおける機能的な拡散を意味しているが、この変化は現代社会の中で進行しているさまざまな境界変容と連動している。現代社会では「政治システムと他の機能システム」、「自国と他国」、「公と私」の境界が変容しているのである。

政治と経済の相互浸透

今日、政治システムの変容と同時に、経済システムの変容が起こっているが（正村 二〇一四）、それは、政治システムと経済システムが機能分化を通じて成立したことの当然の帰結である。

近代において政治システムと経済システムがそれぞれ権力循環と貨幣循環のシステムとして成立した際、政治システムが「領域的限定、規範的限定、方法的限定」という三つの追加的な条件のもとで分化したように、経済システムも固有の「領域的限定、規範的限定、方法的限定」を通じて分化した。ニクラス・ルーマンは、近代社会の経済システムを貨幣が循環するオートポイエティック・システムとして定式化したが、近代資本主義の仕組みを「自己調整的市場」として捉えたのは、カール・

ポランニー（一八八六―一九六四年）である。

ポランニーは、自己調整的市場の歴史的形成について次のように述べている。

> 自己調整的市場が要求することは、まさに、社会が経済的領域と政治的領域とに制度的に分割されるということにほかならない。〔…〕部族制のもとでも封建制のもとにおいても、また重商主義のもとにおいても、社会のなかには独立の経済システムは存在しなかった。経済活動が分離させられ、特殊な経済動機によって動かされる一九世紀社会は、事実、他に類を見ない新しい発展だったのである。（Polanyi 1957／九五頁）

自己調整的市場を形成する条件として、ポランニーは本来商品ではない「労働力・土地・貨幣」が商品化されることを挙げた。労働力・土地・貨幣の商品化は、ここで言う方法的限定の拡張を意味する。というのも、近代以前の段階で貨幣には方法的限定が働いていたからである。供犠の中に登場する原始貨幣は、それ自体が供物として、また他のさまざまな供物の価値を評定する価値尺度として機能し、聖なる世界と俗なる世界を媒介していた。それに対して、貨幣は俗なる世界の内部で作用し、商品市場の同質性を前提にしながら、異なる商品の交換を媒介する。この段階で、貨幣の媒介機能は大幅に限定されていたのである。それまで商品市場の外部に存在していた労働力・土地・貨幣が商品化され、商品交換の対象が拡張されたことは、方法的限定の拡張を意味していた。

そして、国民経済を単位にした近代資本主義を立ち上げるには、「一国一通貨」体制のもとで貨幣を作動させたり、国内経済を育成・保護するために関税障壁を設けたりする必要があった。貨幣を国民国家の領土内で作動させることは領域的限定に、国民経済の構築に必要な規範の設定は規範的限定に相当する。それゆえ、近代資本主義の仕組みも、経済システムに固有の方法的限定、領域的限定、規範的限定のもとで形成されたのである。

ところが、経済のグローバル化と金融の自由化は、国民国家という領土のもとで国民経済を成り立たせていた領域的限定と、資本移動を規制していた規範的限定を取り払った。そして、「行政の遠隔化」や「ロビー活動」に見られた貨幣と権力の融合は、貨幣循環と権力循環からの逸脱として方法的限定からの乖離をもたらした。「行政の遠隔化」として政府が企業を脱統制的な仕方で統制したり、「ロビー活動」を通じて企業が政府の意思決定に影響を及ぼしたりするとき、貨幣は権力作用を帯びている。貨幣は、もはや商品交換の媒体として機能しているのではない。商品市場の外部に存在していたものが内部化されたのとは反対に、商品市場の内部に位置していた貨幣の媒介機能が商品市場の外部で働くようになったのである。

現代の貨幣は権力作用を帯びることによって、政治システムと経済システムを媒介している。貨幣によって担われた権力作用は、被権力者の自律性を前提にしつつ、被権力者を権力者の意図に沿って誘導する。この権力作用は、ソフトな性格をもつ反面、経済システムの外部にまで浸透する力をそなえている。国家と企業は、それぞれ政治システムと経済システムに属する専門的組織でありながら、国家の意志が「本人／代理人」関係を通じて企業の内部に浸透したり、逆に「政府の統制喪失」や「ロビー活動」によって企業の意志が国家の内部に浸透したりしうる。これは方法的限定の拡張とは逆の現象であり、方法的限定からの乖離だと言える。

したがって、政治システムと経済システムの関係は、もはや税を介したカップリングではない。貨幣と権力は、それぞれ貨幣循環と権力循環という閉鎖的な回路から抜け出して、二つのシステムを結合しているのである。

政治と法、政治と科学の相互浸透

今日、システム間の関係が変化しているのは、政治システムと経済システムの関係だけではない。一九世紀に確立された存在（事実）と当為（価値）の分離は、政治システムと法システム、政治システムと科学システムの機能分化にとって不可欠だったが、これらのシステム間の関係も変化してきた。

存在と当為の分離は、存在から切り離された当為として実定法を成立させただけでなく、当為から切り離された存在をも生み出した。それが、いっさいの主観的・価値的な要素を含まない存在としての「客観的事実」である。この分離を基礎にして、科学システムは存在の領域を研究対象とするシステムに、法システムは当為の領域を構成するシステムになった。こうして、両者の機能分化に必要な領域的限定がもたらされた。

科学システムは、客観的事実を対象とする領域的限定の他に、理論体系の無矛盾性を要請する規範的限定、そして科学理論の真偽を、同じ条件であれば誰でも知覚的に確認しうるという知覚可能性に基づいて検証する方法的限定のもとで成立した。近代科学が誕生するにあたっては、ガリレオ・ガリレイ（一五六四―一六四二年）やニュートンらの理論の果たした役割が大きいが、彼らの時代には、まだ“science”（科学）という言葉すら存在していなかった。近代科学が物理学を理論的モデルとしつつ、社会システムとして制度化されたのは、一九世紀のことである。

しかし、現代では、存在と当為の分離は再び揺らぎ始めている。その動きは、科学システムと法システムの両サイドから進行した。

科学システムの変化をもたらした最大の要因は、二〇世紀における科学技術の発達であった。科学と技術は、歴史的には別々の文脈の中で発達してきた。一九世紀に科学システムが制度として確立されたとき、科学研究は客観的認識を目的とし、大学という場の中で専門的な研究者によって営まれた。一方、技術開発は最初から社会的有用性という価値を志向し、二〇世紀中葉までは大学の外で、在野の個人――例えばトーマス・エジソン（一八四七―一九三一年）のような発明家――によって担われていた。

しかし、二〇世紀中葉以降、科学と技術が結合し、科学技術の開発とともに科学のあり方も変貌していく。知識生産の拠点は研究センター、政府機関、産業界の研究所、シンクタンクといった大学以外の組織にまで拡大され、知識生産の動機も客観的な事実認識という認知的動機の他に、社会的な有用性という価値的動機が加わった。科学の営みを事実認識に限定する領域的限定からの乖離が起こったのである。

さらに科学研究の成果も、科学研究に対するアカウンタビリティの圧力を受けて、「真か偽か」という認知的観点の他に、「解には市場競争力があるか」、「費用と比べて効果的か」、「社会的に受け入れられるか」といった観点からも評価されるようになった（Gibbons, Limoges, Nowotny, Schwartzman, Scott, and Trow 1994）。これは、理論と事実の整合性を科学理論の妥当性基準にしてきた方法的限定からの乖離を意味している。

科学と技術の結合は、事実認識を目的とする基礎研究に実用的な志向性をもった応用研究を付け加えただけではない。マイケル・ギボンズらによれば、科学研究が分野横断的・文理融合的になると、「トランスディシプリナリのコンテクストでは、純粋研究と応用研究といったディシプリン間の境界や、たとえば大学と産業といった制度的な区別は、ますます意味をもたなくなってくる」（ibid.／六五頁）。

特に情報技術、遺伝子操作技術、原発技術など、大型の技術開発は「産・官・学」連携のもとで進められるようになる。企業・政府・大学の連携による科学技術の開発を通じて、これまで存在と当為の分離に支えられていた経済と政治と科学の境界が融解してきたのである。

こうして、科学システムの内部では存在と当為を切り離せない位相が顕在化したが、それと同様の変化が法システムの内部でも生じている。それが「デファクト・スタンダードの形成」や「ソフトローの出現」であった。存在と当為の分離は事実と価値の分離でもあったが、当為＝価値としての法が存在＝事実の積み重ねによって形成されることは、存在と当為、事実と価値を分離していた領域的限定からの乖離を意味する。また、社会規範が企業や業界団体をはじめとする非国家的主体によって形成されることは、実定法の形成主体を主権者たる国民に特定してきた方法的限定からの乖離を示している。

近代社会において、政治システムと法システムは憲法を介して構造的にカップリングしていたが、政治と法は、今や多様な主体、多様な規範、多様な方法のもとで結合するようになった。ちょうど権力と貨幣の結合が政治システムと経済システムの境界を変化させたように、多様な結合の回路が政治システムと法システムの境界を変化させている。どちらの場合にも、機能システム間の相互浸透が起こっているのである。

公と私の融解

近代社会の中で確立された境界の変容は、機能システム間の境界だけでなく、公私の境界に関しても起こっている。近代社会では公私の構造は多層的に構成されているが、その基礎をなすのは国家と個人の関係である。すべての機能システムの存立基盤である国民国家と、すべての機能システムの担い手である近代的個人は、公と私の二項対立をなしている。公私の反復をともないながら、国民国家はすべての私から区別された公、近代的個人はすべての公から区別された私として位置づけられた。近代社会の機能分化は、公としての国民国家と、私としての近代的個人を結節する媒介項になっていた。

ところが、国内でも国外でも多様な主体が織りなすネットワーク型のガバナンス構造が形成される中で、国家は、もはや国内と国外を排他的に分割して国内を統治する特権的主体ではなくなった。国家がグローバルなネットワークに埋め込まれる中で、国家の公的な存在性が揺らいできている。

それとパラレルな現象が個人の側でも見られる。現代社会では、ウルリヒ・ベックの言う「個人化」が進行し、一見すると、現代の個人は私的な性格を強めているように見える（Beck 1986）。しかし、現代の個人化と近代の個人主義化は同じではない。個人化には、ベック自身も述べているように、主観的次元と客観的次元がある。ベックの言う個人化は、選択や責任の単位が集団（例えば家族）から個人に移行することを意味しており、客観的次元の個人化に相当する。一方、アイデンティティという主観的次元に定位するならば、現代の個人はむしろ近代的個人のアイデンティティから離反してきている。

ジル・リポヴェツキーが指摘したように、近代的個人主義が状況に左右されない個人の自律を目標としていたのに対して、現代的個人主義は個人を取り巻く諸集団への接続と結合を特徴としている（Lipovetsky 1983）。現代の個人は、社会の外部に自己を見出すのではなく、逆に自己を取り巻く状況的ネットワークの中に身を置き、他者との関係性を通して自己を見出そうとしている。国家と同様に、個人も現代社会を構成する流動的かつ重層的なネットワークの中に埋め込まれているのである。

国民国家と近代的個人は、中世社会のネットワーク的関係の中から公私の二項対立を通じて分出してきたが、公とも私とも言える中間領域の肥大化にともなって、再び現代社会のネットワーク的関係の中に融解してきている。現代社会が中世社会と異なるのは、社会を構成するネットワークが多元的な構造をもち、流動的に再編されていく点にある。現代の社会的ネットワークは、インターネットというコンピュータ・ネットワークをインフラ的基盤にして、ローカルなレベルからグローバルなレベルに至る重層的ネットワークを構築しており、それらのネットワークは状況的変化とともに再編されていく。個人は、そうしたネットワーク的関係の中で自己アイデンティティを確立しようとしているのである。

アイデンティティの「集合化・流動化」とも呼ぶべきこの現象は、客観的次元における個人化と矛盾するわけではない。むしろ、客観的次元における個人化が進んでいるからこそ、個人は主観的次元では流動的な社会的ネットワークの中に自己アイデンティティを見出しているのである。

6 近代民主主義の危機

以上の考察から見えてくるのは、西欧の歴史の中で数百年もの歳月をかけて準備された近代民主主義の成立条件が、ここ数十年の社会変化によってことごとく覆《くつがえ》されてきた、という事実である。

これまで説明してきたように、近代民主主義は機能分化の基礎的条件と政治システムに固有の追加的条件のもとで成立した。国民国家と近代的個人をそれぞれ公と私として分離することは、機能分化を生み出す基礎的条件だった。そして、政治システムが他の機能システムから自律する際の固有の条件となったのが、政治システムの機能集中をもたらす「領域的限定、規範的限定、方法的限定」であった。国民主権、立憲主義、代表原理の制度的な複合体である近代民主主義は、三つの限定による機能集中を通じて、政治システムとして機能分化を遂げた。機能分化が確立される以前には、政治、経済、宗教、教育といった社会的諸機能は相互に融合していると同時に分散的に営まれていたが、社会的諸機能が機能ごとに集中することで相互の分化が達成されたのである。

ところが、近代民主主義を築き上げた流れは、今や反転している。現代社会では、公と私を分離する境界が瓦解してきただけでなく、領域的・規範的・方法的な次元のいずれにおいても、機能拡散という、機能集中とは逆向きの作用が働いている。

本書の冒頭で述べたように、近代民主主義に関しては、従来からさまざまな欠陥や限界が指摘されてきた。市民の政治的無関心の増大、政治的要求の多様化、利益誘導型の政治、既成政党の限界、ポピュリストの台頭、権力の濫用、等々である。議論の中心は、代表原理や政党政治が有効に機能しているか否かという意思決定過程（狭義の政治）に向けられてきた。しかし、市民が積極的に政治に関わり、政党が有効な政策を掲げ、権力が法に準拠して正当に行使されたとしても、民主的な統治は保障されなくなっている。なぜなら、領域的限定、規範的限定、方法的限定からの乖離によって、権力循環としての政治システムの有効性が損なわれてきたからである。

国民主権は、それぞれの国家が国内を自律的に統治する国家主権を前提にしているが、その前提が領域的限定からの乖離によって崩れてきた。経済的には貨幣の脱領土化によって国内統治に必要な財政的基盤が弱体化し、政治的にはプライベート・レジームのような秩序が形成された。

この変化を社会規範の側面から加速させていたのが、規範的限定からの乖離である。政治の民主化は法の実定法化と密接に結びついていたが、国内・国外を問わず、さまざまな社会領域でソフトローのような非実定法的な規範が台頭し、立法に対して司法の役割が増大した結果、立法を介して国民の意志を法や政策に反映させる可能性が狭まってきた。

さらに、その動きに拍車をかけているのが、方法的限定からの乖離である。二〇世紀後半から始まった一連のガバナンス改革は、統治機能の拡散をもたらした。グローバルなレベルだけでなく、ナショナルなレベルでも、統治主体が多様化し、構造的・事前的な制御様式から過程的・事後的な制御様式への転換が進む中で、近代民主主義を構成するフォーマルなルートを迂回するような統治様式が生まれる一方、フォーマルな政治過程は外部からの攪乱作用を受けるようになった。

要するに、三つの限定からの乖離は、権力主体、規範形態、権力様式のいずれに関しても、機能的な拡散を推し進めてきたのである。そこに近代民主主義の構造的な危機が胚胎している。

その際、近代民主主義の危機は三つの様相を帯びている。

まず第一は「近代民主主義の空洞化」である。租税の海外流出にともなう「国家財政の弱体化」、立法の迂回をもたらす「立法から司法へのパワーシフト」、「立法から行政へのパワーシフト」、そして立法機関における「公的政策過程のバイパス化」は、いずれも政治システムの内部で働くべき権力が外部に流出・拡散するようになったことを示している。近代民主主義は、権力主体を国民（国家）に、規範形態を実定法に、そして権力様式を主権権力に集中させることによって、主権権力が国内で循環する閉鎖的な回路を確立したが、そうした閉鎖的な回路から権力が漏れ出してきているのである。こうした変化が政治システムの実質的な空洞化を招いている。

第二は、以上の点とも重なるが、「近代民主主義の相対化」である。機能集中によって支配的な権力様式として確立された権力循環の仕組みは、機能的な拡散の進展とともに、多様化した政治権力の一作動様式に格下げされつつある。非国家的主体による「プライベート・レジーム」や「ソフトロー」の形成、そして「ガバメントからガバナンスへの移行」は、権力主体、規範形態、権力様式が多様化し、政治システムや国民国家の外部で、非国家的主体による非実定法的もしくは非規範的な権力様式が作動するようになったことを意味している。「私的政府」（喜多川 一九七八）や「擬似国家」（中里 二〇〇八）の誕生はその極限的なケースだが、いずれにしても、近代民主主義とは異なる仕方の秩序形成が広がる中で、近代民主主義は相対化されてきている。

そして第三は、外部からの侵食による「近代民主主義の形骸化」である。「行政の遠隔化にともなう統制喪失」や「ロビー活動としての貨幣的コントロール」は、フォーマルな政策決定や政策遂行が外部からの攪乱作用を受けることを示している。近代民主主義の空洞化が「内部の外部化」による危機だとすれば、形骸化は「外部の内部化」による危機を表している。政治システムの機能分化が確立された段階でも、権力循環には、国民の権力が通常のルートで国民自身に及ぶ「公式的側面」と、その逆のルートをたどる「非公式的側面」があったが、それとは異なり、権力循環の制度的回路の外側に位置しているはずの主体の政治的意志が権力過程に侵入して主権の貫徹を阻むようになったのである。

このように、近代民主主義の危機は、一九七〇年代に認識された「民主主義の過剰」とは正反対の様相を呈している。近代民主主義の「空洞化・相対化・形骸化」は、いずれも政治システムと他の機能システムの境界、国家間の境界の変容に起因している。これらの境界が内部の閉鎖性を維持できないからこそ、「内部の外部化」と「外部の内部化」という形で、近代民主主義の空洞化と形骸化が起こっている。そして、この二つの変化は、いずれも政治システムの外部に新しい統治権力、規範形態、制御様式が形作られてきたことを指し示しており、この変化が近代民主主義の相対化を招いているのである。

このことは、別の言い方をすれば、近代民主主義の危機が二つのタイプに集約されることを含意している。すなわち、一つは既存の政治システムの内部が有効に機能せず、主権者の意志が政策過程に反映されないという危機であり、もう一つは既存の政治システムの外部で重大な意思決定が民主的過程を経ないまま下されるという危機である。

したがって、近代民主主義は、形骸化を意味する「内部的・可視的な危機」と、空洞化および相対化を意味する「外部的・不可視的な危機」に直面している。前者の場合には外部からの攪乱作用に原因があるとはいえ、危機が政治システムの内部で現れるのに対して、後者の場合には政治システムの外部で現れる。後者が不可視的であるのは、政治システムの内部を観察しているかぎり、その危機が見えてこないからである。これまで近代民主主義の危機として認識されてきたのは、原因も結果も政治システムの内部で現れてくる問題だったが、人々の与《あずか》り知らないところで重大な意思決定が下される外部的な問題も発生している。

いずれにしても、近代社会において機能分化を遂げた政治システムは、「領域的・規範的・方法的な乖離」によって政治システムの成立条件が揺らぐ中で危機的な様相を深めている。近代民主主義の「形骸化・空洞化・相対化」は、すべて「政治システムと他の機能システム」、「自国と他国」、「公と私」の境界変容に由来している以上、現代社会の構造的変容にともなって生み出された問題なのである。

エピローグ　情報化時代の民主主義

1　民主主義をめぐる理論と実践

近代民主主義の危機には、政治システムの内部的メカニズムが有効に機能しない「内部的・可視的な危機」と、民主的統制に服すべき重大な政治的決定が政治システムの外部でなされる「外部的・不可視的な危機」があるとすれば、民主主義の課題も二つあることになる。すなわち、前者に関しては政治システムの機能をいかに補強・補完するかという課題、そして後者に関しては民主的統制の及ばない政治的決定をいかに民主的統制のもとに置くかという課題である。

このことを念頭に置きながら、民主主義をめぐる現代の理論的・実践的な状況を概観し、今後の可能性について検討してみよう。

討議民主主義と闘技民主主義

二〇世紀前半の民主主義論を代表していたのは、ヨーゼフ・A・シュンペーター（一八八三―一九五〇年）の民主主義論である（Schumpeter 1942）。それは、選挙という票獲得競争を通じて利益の集約と調整をはかるエリート主義的利害調整型の民主主義論だった。しかし、一九七〇年代になると、人々の政治参加に対する要求が高まり、政治参加の重要性を説く参加民主主義論が現れる。さらに一九九〇年代に入って、ユルゲン・ハーバーマスの討議民主主義論とシャンタル・ムフの闘技民主主義論という現代の代表的な民主主義論が登場した。どちらの理論も価値多元的な状況の中で民主主義を実現することを目指しているが、両者は対照的な立場をとっている。

近代を「未完成のプロジェクト」と捉えるハーバーマスは、合理的な方法で脱慣習的な社会を創り上げることの重要性を説き、人々の平等な参加と合意を基底に据えた民主主義論を展開した。彼の討議倫理学の特色は、規範の内容ではなく規範形成の手続きに関して合理的・普遍的な合意を求める点にある（Habermas 1991）。ハーバーマスは、さらに討議倫理学と民主主義原理の関係を問い、討議原理と同様に、民主主義原理においても、法的共同体の構成員全員が合法的な立法手続きに基づいて合意しうる法のみが正当性をもつと考えた（Habermas 1992）。

これとは対照的に、ムフは政治的対立の意義を重視し、敵同士の「抗争」を対抗者間の「闘技」に変換した上で、闘技の継続を目指す民主主義論を構想した（Mouffe 2000）。ムフがハーバーマスの議論に批判的なのは、ハーバーマスが抗争という除去不能な性質を否認しているからである。ムフは、シュミットの言葉――「自由主義的思考は、きわめて体系的なしかたで、国家および政治を回避ないしは無視する。そして、その代りに、二つの異質の領域、すなわち倫理と経済、精神と商売、教養と財産という典型的な、そしてつねにくり返しあらわれる両極のあいだを動揺する」（ibid.／七二頁）――に言及しながら、シュンペーターの利害調整型民主主義論とハーバーマスの討議民主主義論がそ

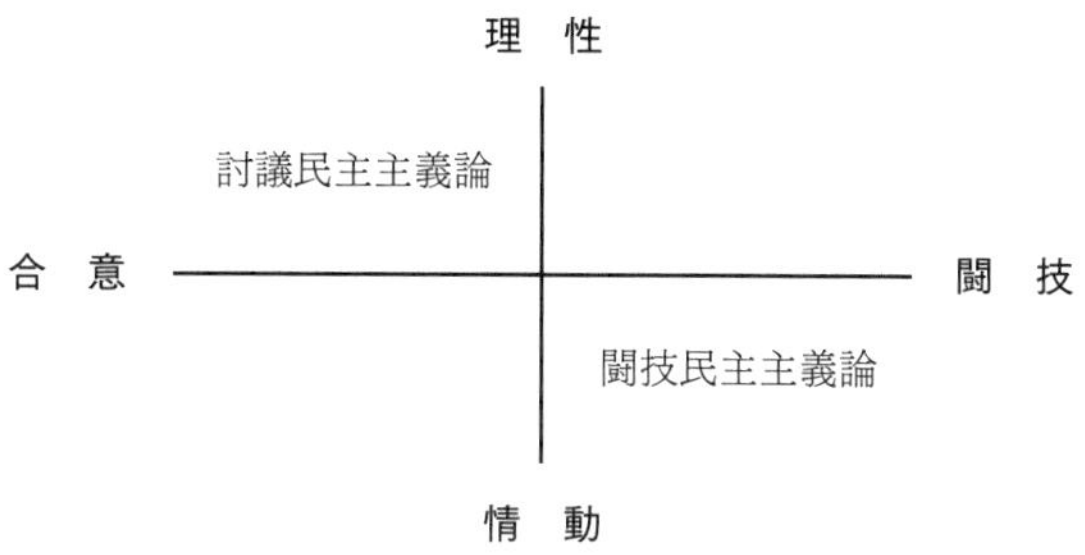

図5　二つの民主主義論

れぞれ「経済と倫理、商売と精神」に重きを置く自由主義的思考の産物であり、ともに「中立的」であるふりをしながら排除という必然的な形式を隠蔽している、とした。そして、異議申し立てがなくなる時代が必然的に来るという考えは放棄しなければならないと述べ、社会的動員に果たす情動の意義を積極的に評価した。

ハーバーマスの討議民主主義論とムフの闘技民主主義論は、ともに価値多元的な状況を前提にしているが、普遍的な合意とそれを導く理性の役割を重視したハーバーマスに対して、ムフは「我々」と「彼ら」を境界づける過程で生じる抗争の不可避性と社会的動員に果たす情動の意義を強調した。理性か情動か、合意か闘技かという点で、二つの民主主義論は対照的である（図5）。

ミニ・パブリックスと社会運動

この理論的な動向と呼応するかのように、実践的次元でも一九九〇年代に二つの民主主義的な実践が台頭してきた。それがミニ・パブリックスと社会運動である。

ミニ・パブリックスの試みは、すでに一九七〇年代に始まっているが、九〇年代に入って大きな流れを形成するに至った（篠原 二〇〇四、篠原編 二〇一二)。ミニ・パブリックスというのは、無作為抽出や層化抽出によって選ばれた少数の市民が専門家を交えながら数日間かけて集中的な討議を行い、その結果を政治的決定に反映させていく手法を総称したものである。討議型世論調査、コンセンサス会議、計画細胞会議、市民陪審など、さまざまな形態を含み、その目的や手法も微妙に異なるが、いずれも市民間の理性的な討議を重視した政治参加を目指している。

ミニ・パブリックスの中には、討議型世論調査のように、討議の結果として現れる意見分布(世論)を示すだけにとどまるケースもあるが、一般には参加者間の合意に基づく政策提案を追求している。専門家から情報提供を受けながら、市民同士の対等な討議を通じて個々の問題——例えばコンセンサス会議であれば、遺伝子操作、ヒトゲノム、大気汚染、電子監視システムなど、社会的争点となっている科学技術の問題——に関する解決策を参加者全員の合意のもとで提案することが最終的な目標となる。ミニ・パブリックスの特徴は、無作為抽出や層化抽出といった統計的手法を使って少数の市民を選び出し、「社会の縮図」になるような人工的な討議空間を創り出す点にある。

ミニ・パブリックスの多くは欧米で生まれた——例えば、討議型世論調査はアメリカの政治学者ジェームズ・フィシュキン、計画細胞会議はドイツの社会学者ペーター・C・ディーネルによって考案された——が、日本でも討議型世論調査、コンセンサス会議、市民陪審、そして計画細胞会議に近い市民討議会が開催されている。

一方、社会運動は労働運動に代表されるように古くから存在してきたが、一九七〇年代に入って「新しい社会運動」と呼ばれる運動が興隆した。新しい社会運動は、環境運動、人権運動、女性解放運動、平和運動、民族運動、消費者運動など、多種多様な形態をとり、経済的利益の追求だけでなく、自己決定、自主管理、集合的アイデンティティの形成という政治的・文化的な要求をも含む運動である。

特に一九九〇年代以後、インターネットが普及したことで、社会運動は新たな段階を迎えた。一九九九年、アメリカのシアトルでＷＴＯ（世界貿易機関）の会議が開催されたとき、新自由主義的なグローバリゼーションに対して異議申し立てを行うために、七万人もの人々が結集した。それ以後も、ワシントン、サンフランシスコ、ベルリン、ローマ、ロンドンといった世界の主要な都市で、一〇万人単位、時には一〇〇万人単位の大規模なデモが繰り広げられている。

そうした動きは日本でも広がっており、二〇〇一年九月一一日の同時多発テロ、二〇一一年の東日本大震災にともなう福島第一原子力発電所事故、そして二〇一五年の安全保障関連法案採択の際には、全国各地の都市で数千ないし数万人のデモが行われた。大手メディアでは報道されていないが、それ以外にも「路上解放」、「教育基本法改正反対」など、さまざまなスローガンを掲げたデモが生まれている。

しかも、近年の社会運動は、運動を社会変革のための単なる手段として捉えるのではなく、運動自体に意味を見出している。かつての武力闘争的な性格は影を潜め、祝祭的な色彩を帯びることさえ、めずらしくない。かつてエミール・デュルケーム（一八五八―一九一七年）は、供犠のような原始的な宗教儀礼を分析する中で、集団的熱狂を通じて社会を創り出す根源的な力を「集合的沸騰」と呼び、近代的世界でも革命のような場面で集合的沸騰が顕在化してくることを指摘した。現代の社会運

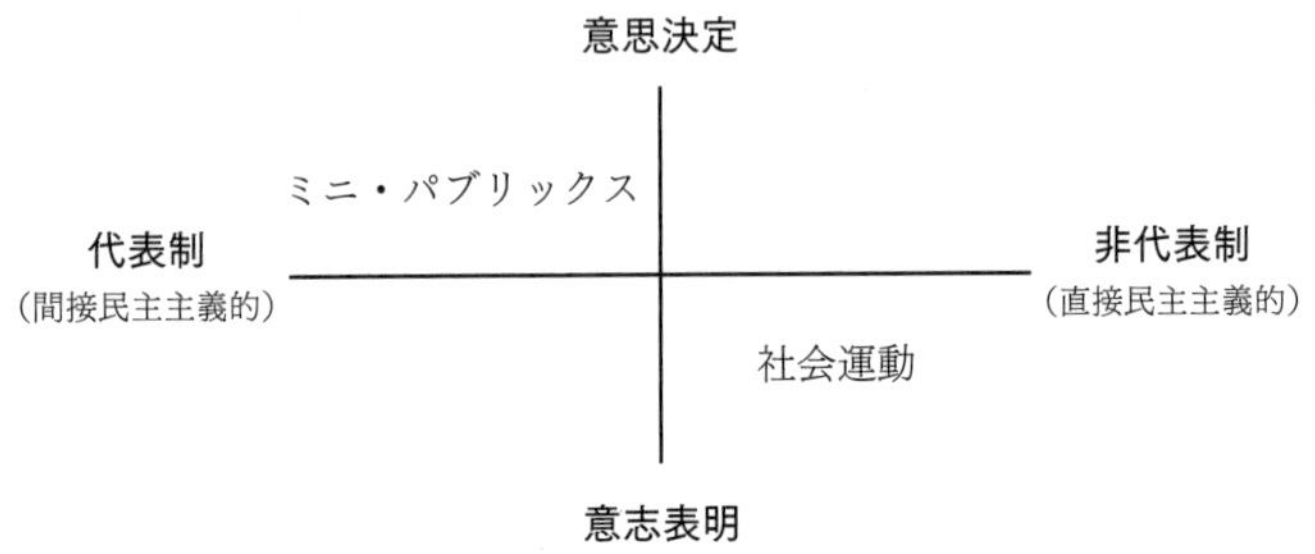

図6　二つの民主主義的実践

動、とりわけ集合的アイデンティティの創出に重きを置くデモには集合的沸騰が見られる（伊藤 二〇一二）。二一世紀に入って、社会運動は、中東の民主化を引き起こした「アラブの春」や「反格差」を訴えたオキュパイ・ウォールストリートなど、世界的な広がりを見せているが、これらの運動も集合的沸騰としての集合的感情に支えられている。このことから近年、情動の果たす役割の重要性が再認識されてきている。

ミニ・パブリックスと社会運動を比較してみると、両者は二重の意味で対極をなしている（図6）。

まず第一に、二つの実践は代表制を採用しているか否か、言い換えれば間接民主主義的か直接民主主義的か、という点で異なっている。もちろん、ミニ・パブリックスも市民参加を重視しているという意味では直接民主主義を志向しているが、討議に参加できるのは一般市民の中から選ばれた少数の市民であり、統計的手法を使って選び出された市民が代表者となる。選出方法が既存の代議制民主主義とは異なるが、どのミニ・パブリックスも無作為抽出や層化抽出によって代表性を担保しようとしている。

これに対して、社会運動は、参加者が誰であれ、その運動に共鳴する者が自発的・直接的に参加しうる点で直接民主主義的である。ただし、社会運動も直接民主主義を実現しているわけではない。直接民主政を採用した古代ギリシアでは市民総会によって政治的な意思決定が行われていたが、社会運動によって政策が決定されるわけではない。

第二に、二つの実践の違いは、意思決定と意志表明のウェイトの置き方にも現れている。この違いも相対的なものだが、ミニ・パブリックスでは討議を通じて意思決定が行われる。討議型世論調査を除けば、いずれのケースも合意を形成し、それを政策に反映させることを意図している。これに対して、社会運動は、異議申し立てや集合的アイデンティティの形成を目標にしている以上、政治的な意志表明としての性格が強い。

したがって、ミニ・パブリックスと社会運動は、それぞれ「代表制・意思決定」型実践と「非代表制・意志表明」型実践として位置づけることができる。

二つの「理論・実践・課題」

こうしてみると、二つの民主主義理論、二つの民主主義的実践、二つの民主主義の課題には一定の親和性があることが分かる。ミニ・パブリックスは、参加者が対等な立場でコミュニケーションを行い、(討議型世論調査を除いて)討議による合意を追求する点で、理性的な合意を説く討議民主主義論と呼応する。一方、社会運動は、人々の共感的な心情や情念に支えられながら異議申し立てを行う点で、闘技と情動の役割を評価する闘技民主主義論と共鳴し合う。

そして、ミニ・パブリックスと討議民主主義論、社会運動と闘技民主主義論は、それぞれ現代民主主義の二つの課題に関わっている。ミニ・パブリックスと討議民主主義論は、政治システムにおけるフォーマルな決定に対する代替案を提起したり、政治システムの決定過程をより実効的なものにしたりすることで、代議制民主主義の補完・補強的な機能を果たす。市民の理性的な討議と合意に基づいた意思決定を既存の政治に反映させようとするミニ・パブリックスと、その理論的基礎を与えたハーバーマスの討議民主主義論は、民主主義の内部的・可視的な危機に対応する。

一方、社会運動と闘技民主主義論は、政治システムの外部で作用する権力に対抗し、外部の政治的決定を民主的統制のもとに置くことに寄与している。闘技の継続を目標とするムフの民主主義論は、支配的な権力に対する対抗権力として社会運動を正当化する理論だと言える。その意味で、社会運動とムフの闘技民主主義論は、民主主義の外部的・不可視的な危機に対応しているのである。

したがって、民主主義をめぐる二つの理論、二つの実践は、近代民主主義が抱える二つの課題に応える理論的・実践的な試みと言えよう。

2　遠隔デモクラシー

近接化と遠隔化

直接民主主義か間接民主主義か、という問題は現代の民主主義論の中心的な論点とみなされているが——そしてミニ・パブリックスと社会運動もその点に関連しているが——、二つの実践の違いは決定的なものではない。むしろ注目すべきは、どちらも現代の情報技術や知の技術に支えられており、一定の共通点を有している点である。

ミニ・パブリックスや社会運動が活発化してきた一九九〇年代は、情報化の社会的影響が本格的に現れてくる時代でもあった。情報化はそれ以前から始まっていたが、情報化が真の意味で社会的影響を及ぼし始めるのは、コンピュータ・ネットワークが社会のインフラ的基盤になった段階、すなわちインターネットが普及した段階からである。

インターネットとしての電子メディアは、印刷物とは異質な効果を及ぼした。国民国家を「想像の共同体」と捉えたベネディクト・アンダーソンは、移民の二世や三世がメディアを使って一世の出身国に関する情報を入手し、自分が一度も足を踏み入れたことのない一世の出身国を母国とみなすようになったことを取り上げ、二〇世紀後半に誕生したこの新しいナショナリズムを「遠隔地ナショナリズム」と呼んだ（Anderson 1998）。

アンダーソンが言及したメディアは、ラジオ、テープ、ビデオといった「オールド・メディア」だったが、電子メディアの普及は、間違いなく遠隔地ナショナリズムの拡大に拍車をかけている。遠隔地ナショナリズムという新しいナショナリズムが誕生したのは、メディアの遠隔作用によって一世の祖国と二世・三世の居住国との間に存在する時空的距離が克服されたからである。

時空的距離の克服は、正確に言えば、電子メディアに固有の性質ではない。人はそれぞれ異なった空間的位置を占めている以上、社会的コミュニケーションが成立するためには「ここ」と「あそこ」の間の空間的距離が克服されなければならない。その距離は、話し言葉の場合には音声が送り手から受け手に伝わることによって克服され、印刷物の場合には人々が母国語となる文字を読み書きすることによってナショナルなレベルで克服された。これに対して、グローバルなコンピュータ・ネットワークとしてのインターネットは、送り手と受け手の距離をグローバルなレベルで克服する。

また、メディアは空間的距離とともに、時間的距離の克服にも関わっている。人間は元来、過去の記憶を基に未来を予測する能力をそなえており、そうすることで時間的距離を克服してきた。記憶の形成は「過去の現在化」として現在と過去の間の時間的距離を克服し、未来の予測は「未来の現在化」として現在と未来の間の時間的距離を克服する。メディアは、そうした人間の能力を拡張してきた。話し言葉に使われる音声は現れては消えてしまうが、印刷物は文字の記録を通じて過去と現在の時間的距離を克服することに役立った。そして、電子メディアの場合には、文字、音声、映像などがデジタル情報として半永久的に保存されるだけでなく、データベースに蓄積された情報を基にしてコンピュータによる未来予測も行える。つまり、電子メディアは「ここ」と「あそこ」の空間的距離、そして「過去と現在」、「現在と未来」の時間的距離を、これまでにない仕方で克服したのである。

近代社会は直線時間と均質空間という時空的秩序の上に成り立っていたが、現代の情報化は異なる時点、異なる地点を任意に結びつけることで近代的な時空的秩序の再編を促している。電子メディアの遠隔作用は、このような時空的距離を克服する作用として現れるのである。

その際、遠隔作用には二つの側面がある。すなわち、これまで遠く離れていたために関与できなかった存在を近づけ、直接的な接触を可能にする「近接化＝直接化」と、これまで近くにあった存在を遠ざけながら間接的に関与させる「遠隔化＝間接化」である。この二つは対照的だが、どちらも距離の克服という同一の事態に由来している。遠くの存在を近づけられるからこそ、近くの存在を遠ざけられるのである。

そして、直接民主主義的な社会運動と新しい間接民主主義としてのミニ・パブリックスにも、電子メディアのこの二つの遠隔作用が働いている。

一九九〇年代以降、社会運動はインターネットを活用して動員力を高め、さまざまな社会問題を開示してきたが、その成果はインターネットの「近接化＝直接化」効果によるところが大きい。例えば、一九九九年にシアトルでＷＴＯの会議を阻止するために各種の運動団体が結集した際、インターネットは、それまで別々の場所で別個の運動を展開してきた運動団体を結びつけただけでなく、ＷＴＯに主導された新自由主義的なグローバリゼーションの動向を把握することにも役立った。ちょうど、一世の祖国に対する情報収集能力が向上したことで遠隔地ナショナリズムが発生したように、現代社会の動向に対するモニタリング能力が向上したことで、社会問題の開示能力や社会運動の異議申し立て能力が高まったのである。

これに対して、ミニ・パブリックスは、「社会の縮図」となるような人々によって構成されている点で間接民主主義的だが、それを可能にしたのは、無作為抽出や層化抽出に関する統計学的な技術と、社会の構成員（国民）に関するデータを収集・蓄積・加工する情報技術である。これらの技術によって、討議の参加者が社会の構成員（国民）の代表者とみなされる関係が成立した。ミニ・パブリックスの場合にも、時空的距離の克服によって、代表者を介した間接的な意思決定の仕組みが創り出されたのである。

二つの民主主義的実践は、どちらも情報化という現実的基盤の上に成り立っている。直接民主主義的な社会運動と間接民主主義的なミニ・パブリックスを支えているのは、これまで関与しえなかった人々や対象との距離を埋める「近接化＝直接化」効果と、距離を埋められるからこそ距離を設け、他者を介して対象に関与する「遠隔化＝間接化」効果である。

近年の民主主義論は直接民主主義か間接民主主義かをめぐって展開されてきたが、民主主義を考える上でより重要なのは、民主主義的な実践がいかなる課題に応えようとしているのか、という点である。これまで説明してきたように、近代民主主義は内外両面から侵食を受けている。政治システムの内部で有効な政治的意思決定ができなくなる一方で、政治システムの外部で重要な政治的意思決定がなされている。そこから民主主義に関する二つの課題が導かれる。ミニ・パブリックスと社会運動は、基本的に「代議制民主主義の補完・補強」と「非制度的権力に対する対抗的権力の確立」という二つの課題を志向している。

もちろん、両者の対応関係は固定的なものではない。直接民主主義的な社会運動が代議制民主主義に対する補完的な役割を果たすこともあれば、間接民主主義的なミニ・パブリックスが政治システムの外部で作用する非制度的な権力に対する対抗的な権力として作用することもある。問われるべきは、近代民主主義の危機的状況の中で民主的な意思決定の場をいかに確保し、拡張していくか、ということである。

そこで、この二つの遠隔作用に依拠した情報化時代の民主主義を「遠隔デモクラシー」と呼ぶことにしよう。民主主義の歴史を三つの段階に分けたジョン・キーンは、古代ギリシアで開花した「集会デモクラシー」を第一の段階、近代に確立された「代表デモクラシー」を第二の段階とした上で、現代は「モニタリング・デモクラシー」の段階にあると言う（Keane 2009）。モニタリング・デモクラシーとは、「数多くの多種多様な議会外的な権力監視メカニズムの急速な発達によって定義づけられる、さまざまな「脱議会制」政治のことである」（ibid.／㊦二二六頁）。

キーンの言うモニタリング・デモクラシーは、新しい代表制に基礎を置くデモクラシーを指している。代表デモクラシー、すなわち近代民主主義の段階では一人が一票を投じて一人の代表者を選ぶが、モニタリング・デモクラシーでは代表制や民主的な説明責任や公的参加といった諸ルールが方法的・領域的に拡充され、これまでの「一人・一票・一人の代表者」が「一人・たくさんの利害関係・たくさんの意見・複数の投票・複数の代表者」に置き換えられる。モニタリング・デモクラシーには、討議型世論調査、コンセンサス会議、市民陪審といったミニ・パブリックスの他に、市民集会、オンライン請願、チャット・ルーム、平和的包囲集会、公的説明責任の強化を求めるグローバルな監視組織なども含まれる。

遠隔デモクラシーは、キーンの言うモニタリング・デモクラシーと重なり合うが、同じではない。モニタリング・デモクラシーは新しい代表制に基づく民主主義であるが、遠隔デモクラシーは「近接化＝直接化」と「遠隔化＝間接化」という二つの情報的機能を組み込み、直接民主主義的な実践と間接民主主義的な実践を包含している。

また、遠隔デモクラシーは合意と闘技の双方に開かれており、合意なき闘技を追求するのでも、闘技なき合意を追求するのでもない。古ゲルマン社会では「全員一致の原理」、古代ローマ帝国では「全体同意原理」、そして中世キリスト教社会では「多数決による合意」という意思決定原理が働いていたように、合意は近代民主主義に特有の意思決定原理ではない。ハーバーマスが追求する「普遍的・合理的な合意」は、合意の一つの特殊な形態にすぎない。合意をハーバーマス的な解釈から解放し、事実的・情念的・擬制的な合意を含む広義の意味に解するなら、合意は闘技を排除するどころか、それを支える要因になる。なぜなら、集団内の合意は集団間の抗争を生み出すからである。

そして、理性なき情念は人々を惑わせ、情念なき理性は人々を突き動かせない以上、遠隔デモクラシーは理性と情念をともに必要としている。遠隔デモクラシーは、現代の情報技術を基礎に、合意と闘技、理性と情念が交差するところに成立するのである。

3　現代的な自己組織化と民主主義

近代的自律の逆説

これまで近代民主主義を自己組織化の形態として捉えてきた。そこで最後に、遠隔デモクラシーの特質を自己組織化の観点から捉えてみたい。自己組織化の観点に立つと、近代民主主義の危機をもたらした現代社会の構造的変化と、新しい民主主義的実践としての遠隔デモクラシーの出現が、どちらも近代社会の自己組織性の変容として生じていることが分かる。

自己組織化には自律という意味が込められているが、自律と他律の間には錯綜した関係がある。すでに説明したように、自己否定的な自己組織化様式のもとでは、人間は聖なる存在に従属した他律的な存在として現れるが、観察者の視点から見れば、その聖なる存在も当事者によって生み出された人為的な創造物である。供犠のような原始的な宗教儀礼に依存する社会であっても、人間は、人間を超越した存在を自ら生み出しながら社会を築いた。そこでは人間の自律性が媒介的な仕方で発揮されており、自己否定的な自己組織化様式も自己組織化様式の一形態だった。

しかし、近代に至ると、観察者だけでなく、近代社会の構成員である当事者に自覚される形で、社会の自己組織化がはかられた。すなわち、他者に対する自己の自律（近代的個人主義）、神に対する人間の自律（近代民主主義）が実現されたのである。とはいえ、人間の自律と個人の自律は、どちらもその生成過程においては当事者に自覚されない形で他律性の契機を内包している。そのことを明らかにしたのが、フーコーとウェーバーであった（正村 二〇〇一）。

哲学的には「近代的主体（Subject）」と呼ばれる近代的個人に関しては、ミシェル・フーコー（一九二六―八四年）が、一八世紀末にイギリスの功利主義者ベンサムが考案した監獄「パノプティコン」に言及しながら、近代的主体を生成する逆説的なロジックを明らかにした（Foucault 1975）。

パノプティコンというのは、「一望監視装置」と訳されるように、看守が一方的に囚人を監視できるように設計された監獄のことである。建物を上から見ると、建物の中心に看守棟が位置し、それを取り囲む形で囚人を収監する収容棟が円形に配置されている。収容棟の内部は多数の壁で仕切られ、囚人は一人一人、独房に収監される。独房には看守棟の見える内側と反対の側にそれぞれ窓が設けられており、看守棟からは、外からの光線が入る独房内の様子を見ることができるが、独房からは光が届かない看守棟内の様子を見ることができない。こうして看守と囚人の間には、囚人が一方的に看守に監視される、という支配／服従的な関係が確立された。

フーコーによれば、近代的主体のモデルになっているのは、看守に一方的に監視される囚人である。囚人は看守を見ることができないので、看守が自分をどのように見ているのかを知るには、自分自身が看守の立場に立たなければならない。従属的な立場に置かれた囚人は、主体的な存在としての看守の立場を自らの内面に取り込むことを強要されるのである。そうした服従の結果として、囚人は主体化される。主体性をそなえた主体が服従を通して生成されることは、"Subjectivity"（主体性）と"Subjection"（服従）がともに"Subject"（主体）の派生語であることからも読み取れる。

服従が主体性に転化するこの逆説的なメカニズムは、さらに人間という集合的レベルでも作動した。それを示唆していたのが、プロテスタンティズムの倫理に関するマックス・ウェーバーの議論である（Weber 1920）。

ウェーバーは、プロテスタンティズムの倫理が意図せざる帰結として近代資本主義を立ち上げたことを指摘した際、特にジャン・カルヴァン（一五〇九―六四年）の予定説に注目した。カルヴァンの考えでは、あらゆる存在は神が自らの栄光を実現するための道具であり、人間が救済されるか否かも、あらかじめ決められている。キリスト教の神は、もともと超越的な存在であるが、神の至高性と絶対性はプロテスタンティズムにおいて極限に達した。

ウェーバーは、カルヴァンの『キリスト教綱要』（一五三六年）に言及しながら、至高の神について次のように説明している。

われわれは彼の決意を理解することも、知ることさえもできないのだ。われわれが拠り所とするのはこうした永遠の真理の諸断片だけで、他の一切――われわれの個人的運命のもつ意味は見るべからざる神秘に蔽われており、それを究めようとするのは不可能でもあるし、身の程を知らぬことでもある。（ibid.／一五三頁）

人間は神の栄光を実現するための道具にすぎない以上、ひたすら神のみを信じ、見えない神のためにふるまわねばならない。再びウェーバーの言葉を借りれば、「この悲愴な非人間性をおびる教説が、その壮大な帰結に身をゆだねた世代の心に与えずにはおかなかった結果は、何よりもまず、個々人のかつてみない内面的孤独化の感情だった」（ibid.／一五六頁）。

プロテスタンティズムとパノプティコンを比較してみると、「信者と信者」、「神と信者」の関係が「囚人と囚人」、「看守と囚人」の関係に酷似していることが分かる。独房に入れられた囚人が孤独であるように、信者も孤独な状況に置かれている。囚人が看守に服従しているように、信者も神に従属している。絶対的かつ至高の存在である神は全知全能であり、すべてを見通すことができるが、神に従属している信者は神の決意を知ることができない。近代に至ると、その神に従属していた人間が神に取って代わった。ここでも服従が主体性に転化している。

ただし、この変化は突然起こったわけではない。これまで説明してきたように、キリスト教は、絶対的・普遍的な神の権威を確立することによって、逆説的にも人民主権という人間の自律的な権力を誕生させた。服従の主体性への転化というメカニズムは、すでに中世西欧社会の中で作動していたのであり、そこに最後の一撃を加えたのが宗教改革だったのである。

したがって、近代における個人や人間の自律は、その生成過程においては他者や神への服従という他律的な契機を内包している。とはいえ、自らが従うべき原理をひとたび内面化すれば、主体はもはや外的な拘束から解放される。評価の基準は自己の内部に置かれ、評価を行う主体も自分自身となる。自分で自分を評価するという内的循環の形式が自律性の根拠となる。つまり、他律が自律に転化した末に、自己は他者から、人間は神から、そして自国は他国から、それぞれ自律した主体として成立したのである。このような自律性が、近代社会の自己組織性を特徴づけている。

二つの共律型自己組織化

ところが、近代社会が構造的変容を遂げる中で自律と他律の関係も変化してきた。今でも近代的な意味での自律性が完全に失われたわけではないが、「共律型自己組織化」という新たな自己組織化の形態が姿を現してきている。ただし、共律型自己組織化には、現代社会で進行している二つの動向に対応した二つのタイプがある。その一つは近代民主主義の危機をもたらす現代社会の構造に内在している形態であり、もう一つは遠隔デモクラシーを生み出している形態である。どちらも自律と他律という二つの性格を併せもち、モニタリングという情報的機能を組み込んでいるが、その働き方が違っているのである。

前章で述べたように、ガバメントからガバナンスへの移行とともに、新しい統治構造が形成されてきた。「本人／代理人」、「モニタリング／アカウンタビリティ」、「貨幣的コントロール」という三つの要素から成るガバナンス構造は、今では行政領域だけでなく、教育、医療、福祉など、さまざまな社会領域に浸透しているが、この構造が自律性と他律性を混在させていることは、すでに新公共管理をめぐる議論の中で指摘されていた。すなわち、新公共管理には"Making Managers Manage"と"Letting Managers Manage"という二つの側面があり、他律的な"Making"（させる）と、自律性を許容する"Letting"（任せる）の間には矛盾があるとも言われてきた。しかし、この二つは決して矛盾ではない。自律と他律を組み合わせた新しい自己組織化様式なのである。

近代的主体の場合には、自らが従うべき原理を内面化したあとは、その内的原理に従えばよかった。自分で自分を評価する内的循環の形式が自律性を保障していた。しかし、他者から説明責任を要求される現代的評価の場合には、主体は、常に他者に評価され、絶えず他者の期待に応えるようにふるまわなければならない。業績評価の結果を踏まえてどのような改善を行うのかは自分自身の判断に任されており、自分で自分のあり方を決定する自己フィードバックが働いているが、同時にそれにコントロールを加える外的なフィードバックも働いている。この間接的なコントロールを担っているのが「モニタリング／アカウンタビリティ」、「権力手段としての貨幣」である。

現代社会が監査社会（マイケル・パワー）や監視社会（デイヴィッド・ライアン）である所以は、監査や監視というモニタリングを通じて、評価が自己と他者、内部と外部の両面からなされるようになったことにある（Power 1997; Lyon 2001）。いつの時代にも、人は他者を評価し、他者の評価を考慮に入れながら自分の行動を決定しているが、現代社会では、そうした評価が社会的・組織的に行われるようになった。人々の自律的な行動を動機づけるための評価基準が計画的に設定され、内部評価（自己評価）や外部評価（他者評価）の結果を基にして、内的・外的なフィードバックが働くようになったのである。

こうしたフィードバックを不断に働かせる体制が構築される中で、現代社会は構造制御から過程制御に重心を置く社会へ移行してきた。自律的な主体としての国民国家と近代的個人、その二つを媒介する機能分化の仕組みは、いずれも抽象度の高い構造をそなえており、近代民主主義は構造制御型社会に適合的な民主主義の形態であった。

ところが、現代社会は以前にもまして不確実性とリスクを孕んだ社会であり、状況変化に対処する仕組みとして、モニタリングと内的・外的なフィードバックを不断に働かせる過程制御メカニズムを発達させてきた。外的フィードバックは、一方で代理人が内的フィードバックを働かせて自律的にふるまうことを動機づけながら、他方でモニタリングを通じて代理人の活動を監視し、評価基準に沿うように誘導している。過程制御メカニズムは、代理人の自律をいわば強要する他律的な形式をそなえている。

こうしたメカニズムは、状況的変化に即しながら目標を実現する創造的な効果を発揮する反面、ひとたび評価の方法を誤れば、評価が社会的に組織化されているだけに、甚大な影響を及ぼしかねない。現代社会の自己組織化は、自己創造的な作用とともに、自己破壊的な作用を及ぼす危険を孕んでいる。そして、この自律性と他律性を混在させた共律型自己組織化が機能分化の構造を揺るがせ、近代民主主義の危機を招く要因になっていることは先に述べたとおりである。

しかし、現代的な自己組織化には、もう一つのタイプがある。それがミニ・パブリックスや社会運動に内在する自己組織化、すなわち「自律と他律のいわば中間形式」としての共律型自己組織化である。この自己組織化は、社会的協働性を生み出す人々の自発的な共振性に基づいており、ソーシャル・イノベーションとしての性格を帯びている。

現代社会では、国家だけでも企業だけでも解決できない問題が山積しており、そうした中でソーシャル・イノベーションが注目されている。ソーシャル・イノベーションは、国家、企業、NPO、ボランティアといった多様な主体が協力し合いながら問題を解決する方法を指す。フランシス・ウェストリーらは、ソーシャル・イノベーションが世界的に広がった理由として、社会問題の変化を挙げている(Westley, Zimmerman, and Patton 2006)。すなわち、社会問題には「単純な(simple)問題」、「煩雑な(complicated)問題」、「複雑な(complex)問題」があるが、現代社会では煩雑な問題に代わって複雑な問題が増えているという。

ここで煩雑な問題とは、月にロケットを送るケースのように、結果の確実性が高く、厳密な計画や強力なコントロールが必要な問題を指している。問題を解決するには、綿密な青写真を用意して計画どおりに事を進めなければならない。これに対して、複雑な問題というのは、結果の不確実性が高く、厳密な計画が部分的にしか役立たないか、逆効果になるような問題であり、問題の解決には多様な主体間の協力に基づく創発的な相互作用が必要になる。

ウェストリーらによれば、ソーシャル・イノベーションの場合にも参与主体の活動に対する評価が行われるが、この評価は説明責任の遂行を目的とした「一般的評価」ではない。一般的評価は、あらかじめ定められた目標を達成したか否かを問うため、単純な問題や煩雑な問題には有効だが、結果を予測しえない複雑な問題には適さない。ソーシャル・イノベーションで採用されているのは、学習を第一目的とした「発展的評価」であり、状況的変化の中で行われる学習が重要になる。

そして、最初は小さな変化として始まったソーシャル・イノベーションは大きなうねりに変化しうるが、その転換点である「ティッピング・ポイント」を生み出すのは、デュルケームの言う「集合的沸騰」である。例えば、ブラジルの「HIV／AIDS」制圧運動は、「貧しくても、地位が低くても、無学でも、誰一人として見放さない」という大原則のもとに、医療専門家、教会関係者、慈善団体のボランティア、政府など、さまざまな主体が関与したソーシャル・イノベーションだった。この運動によって一九九〇年代半ばに劇的な回復が起こったのは、政府が介入したからではなく、集合的沸騰によってティッピング・ポイントに達したからであるという。

このように、ソーシャル・イノベーションは、説明責任よりも学習を重視し、諸主体間の協働的な関係の構築を目指している。ソーシャル・イノベーションに内在する自己組織化は、諸主体間の関係性の中で成立し、しかも自律を強制する他律の形式をそなえているのではない。ソーシャル・イノベーションを特徴づけているのは、自律と他律の中間的な形式としての共律性である。

ミニ・パブリックスと社会運動は、どちらもこのタイプの共律型自己組織化に相当する。ミニ・パブリックスは代表制の原理に依拠しているが、社会の構成員と討議の参加者の間には、本人が代理人を舵取りするようなコントロールが働いているわけではない。ミニ・パブリックスの成否は、討議者間の理性的な討議とともに社会的な共振性が働くか否かにかかっている。社会的な共振性は集合的沸騰に至らないまでも、社会運動だけでなくミニ・パブリックスにも内在しうる。

したがって、コーポレート・ガバナンスをモデルにした現代的ガバナンスと、ミニ・パブリックスや社会運動を含む新しい民主主義的実践の違いは、共律型自己組織化の違いにある。前者を「自律と他律の混在形式としての共律型自己組織化」と呼ぶなら、後者は「自律と他律の中間形式としての共律型自己組織化」だと言える。どちらも他者の自律性を前提にしつつ、他者に対するモニタリングを通じて動態的な社会関係を創り出すが、現代社会のガバナンス構造が「上からのモニタリング」に基づいて（非統制的な統制としての）規制的権力を作動させるのに対して、新しい民主主義的実践は「下からのモニタリング」に基づいて対抗的権力を作動させる。

第一章の末尾で述べたように、社会の自己組織化は、それぞれの文化や世界観に媒介されているため、物理的メカニズムとしての自己組織化には見られない歴史性や特殊性が刻印されている。とはいえ、すべての社会、すべての時代に貫通する自己組織化の形態が存在しないわけではない。自己と他者の間で働く心情的な共振性や同調性に基づく自己組織化を「原初的コミュニケーションによる自己組織化」と呼ぶなら（正村 二〇〇〇、正村 二〇〇一）、いかなる時代にも、このタイプの自己組織化は社会の基層に存在していた。

人は誰しも、最初から自分と他人を「他者から区別された自己」、「自己から区別された他者」として認識しているのではない。誕生した時点では、自他一体的な関係にある。精神的な発達を遂げていく過程で自他を分節化するが、自己を一人称、他者を二人称として位置づけたあとも、自他の一体性は精神の最古層として息づいている。近年、脳科学や社会心理学の観点から道徳性の起源を探り、人間の社会的な協働性や利他的な精神を説明する試みが盛んになってきた。その中には、社会的な協働性を利己心から説明する考え方もあるが、社会的な協働性の起源を探っていくと、最終的には自他の一体性に由来する情動的な共振性や同調性に行き着く。

デュルケームの言う「集合的沸騰」は原初的コミュニケーションによる自己組織化の現れであり、ミクロなレベルでは、いつの時代にも原初的コミュニケーションによる秩序生成が見られた。社会的な協働性は、自他の分節を前提にしているとはいえ、それを根底で支えているのは、前人称的なレベルで作用する情動的な共振性や同調性である。

そうした中で、インターネットは、情動性に基づく社会的なつながりという、近代社会の中で潜在化していた可能性を「良くも悪くも」解き放った。「ポスト・トゥルース」の時代と呼ばれる今日、遠隔デモクラシーに内在する共律型自己組織化は、合理的にも非合理的にも作用するが、いずれにしても原初的コミュニケーションと現代の情報技術の結合の上に成り立っている。その意味で、この共律型自己組織化は古くて新しい自己組織化様式だと言える（正村 二〇一六）。社会の自己組織化には、原初的コミュニケーションが作動する「歴史普遍的位相」と、各時代の社会構造や意味世界に規定された「時代特殊的位相」が内包されているわけである。

要するに、現代社会では、近代的個人や国民国家に象徴される近代の自己組織性から乖離していく中で、二つのタイプの共律型自己組織化が出現し、近代民主主義も社会構造的な文脈の中に組み込まれている。政治システムの機能分化が他の機能システムと連動していたように、政治システムの変化も現代社会の変化の一環をなしている。政治システムの内外で発生している近代民主主義の可視的・不可視的な危機も、新しい民主主義的実践の興隆も、近代社会の自己組織化様式の変容を物語っているのである。

これまで民主主義に関する議論は、選挙や政党や議会といった、政治システムを形作っている内部的な過程や機構に焦点があてられてきた。しかし近代民主主義の危機を政治システムの内部問題に還元することはできない。民主主義は社会の自己組織化の一形態であり、自己組織化のあり方は社会の歴史的変容とともに変遷を遂げてきた。現代社会の中で自己組織化様式が再び変化してきた以上、人間が自らの社会をどのように統治しうるのかが改めて問われている。

ミニ・パブリックスや社会運動のような新しい民主主義的実践が現れてきたとはいえ、これらの営みによって民主主義の危機が克服されるわけではない。現代社会では、民主主義を再建する営みよりも民主主義を崩壊させる動きのほうが顕著である。民主主義の核心は、これまで述べてきたように、人間が自らの意志で社会を統治することにある。だが、人間ははたして社会を有効に統治することができるのだろうか、できるとすれば、それはどのような民主主義の仕組みなのだろうか。今日、このような根源的な問いを突きつけられているように思われる。

文献一覧

外国語文献

Anderson, Benedict 1983, *Imagined Communities: Reflections on the Origin and Spread of Nationalism*, Verso.（ベネディクト・アンダーソン『想像の共同体――ナショナリズムの起源と流行』白石隆・白石さや訳、リブロポート（社会科学の冒険）、一九八七年）

―― 1990, *Language and Power: Exploring Political Cultures in Indonesia*, Cornell University Press.（ベネディクト・R・O'G・アンダーソン『言葉と権力――インドネシアの政治文化探求』中島成久訳、日本エディタースクール出版部、一九九五年）

―― 1998, *The Spectre of Comparisons: Nationalism, Southeast Asia and the World*, Verso.（ベネディクト・アンダーソン『比較の亡霊――ナショナリズム・東南アジア・世界』糟谷啓介・高地薫・イ・ヨンスク・鈴木俊弘・増田久美子・田中稔穂・荒井幸康・中村順・木村護郎クリストフ訳、作品社、二〇〇五年）

Baubérot, Jean 2000, *Histoire de la laïcité en France*, Presses Universitaires de France (Que sais-je?).（ジャン・ボベロ『フランスにおける脱宗教性《ライシテ》の歴史』三浦信孝・伊達聖伸訳、白水社（文庫クセジュ）、二〇〇九年）

Beck, Ulrich 1986, *Risikogesellschaft auf dem Weg in eine andere Moderne*, Suhrkamp.（ウルリヒ・ベック『危険社会――新しい近代への道』東廉・伊藤美登里訳、法政大学出版局（叢書・ウニベルシタス）、一九九八年）

Benkler, Yochai 2011, *The Penguin and the Leviathan: How Cooperation Triumphs over Self-Interest*, Crown Business.（ヨハイ・ベンクラー『協力がつくる社会――ペンギンとリヴァイアサン』山形浩生訳、NTT出版、

二〇一三年）

Cohen, Benjamin J. 1998, *The Geography of Money*, Cornell University Press.（ベンジャミン・コーヘン『通貨の地理学——通貨のグローバリゼーションが生む国際関係』本山美彦監訳、シュプリンガー・フェアラーク東京、二〇〇〇年）

Crick, Bernard 2002, *Democracy: A Very Short Introduction*, Oxford University Press.（バーナード・クリック『デモクラシー』添谷育志・金田耕一訳、岩波書店（1冊でわかる）、二〇〇四年）

D'Entrèves, Alessandro Passerin 1951, *Natural Law: An Introduction to Legal Philosophy*, Hutchinson.（A・P・ダントレーヴ『自然法』久保正幡訳、岩波書店（岩波現代叢書）、一九五二年）

Foucault, Michel 1975, *Surveiller et punir: naissance de la prison*, Gallimard.（ミシェル・フーコー『監獄の誕生——監視と処罰』田村俶訳、新潮社、一九七七年）

Frazer, James George 1968, *The Magical Origin of Kings*, Dawsons.（ジェイムズ・G・フレイザー『王権の呪術的起源』折島正司・黒瀬恭子訳、思索社、一九八六年）

Gauchet, Marcel 1998, *La religion dans la démocratie: parcours de la laïcité*, Gallimard.（マルセル・ゴーシェ『民主主義と宗教』伊達聖伸・藤田尚志訳、トランスビュー、二〇一〇年）

Gibbons, Michael, Camille Limoges, Helga Nowotny, Simon Schwartzman, Peter Scott, and Martin Trow 1994, *The New Production of Knowledge: The Dynamics of Science and Research in Contemporary Societies*, Sage Publications.（マイケル・ギボンズ編『現代社会と知の創造——モード論とは何か』小林信一監訳、丸善（丸善ライブラリー）、一九九七年）

Giddens, Anthony 1985, *The Nation-State and Violence*, Polity Press.（アンソニー・ギデンズ『国民国家と暴力』松尾精文・小幡正敏訳、而立書房、一九九九年）

Gierke, Otto 1868, *Das deutsche Genossenschaftsrecht*, Weidmann.（オットー・フォン・ギールケ『ドイツ団体法論』第一巻「ゲノッセンシャフト法史」第二分冊、庄子良男訳、信山社出版、二〇一四年）

―― 1954, *Das deutsche Genossenschaftsrecht*, Bd. 3: *Die Staats- und Korporationslehre des Altertums und des Mittelalters und ihre Aufnahme in Deutschland*, Wissenschaftliche Buchgemeinschaft.（オットー・ギールケ『中世の政治理論』阪本仁作訳、ミネルヴァ書房、一九八五年）

Godelier, Maurice 1996, *L'énigme du don*, Fayard.（モーリス・ゴドリエ『贈与の謎』山内昶訳、法政大学出版局（叢書・ウニベルシタス）、二〇〇〇年）

Habermas, Jürgen 1962, *Strukturwandel der Öffentlichkeit: Untersuchungen zu einer Kategorie der bürgerlichen Gesellschaft*, Neuwied.（ユルゲン・ハーバーマス『公共性の構造転換――市民社会の一カテゴリーについての探究』（第二版）、細谷貞雄・山田正行訳、未來社、一九九四年）

―― 1991, *Erläuterungen zur Diskursethik*, Suhrkamp.（ユルゲン・ハーバーマス『討議倫理』清水多吉・朝倉輝一訳、法政大学出版局（叢書・ウニベルシタス）、二〇〇五年）

―― 1992, *Faktizität und Geltung: Beiträge zur Diskurstheorie des Rechts und des demokratischen Rechtsstaats*, Suhrkamp.（ユルゲン・ハーバーマス『事実性と妥当性――法と民主的法治国家の討議理論にかんする研究』（全二冊）、河上倫逸・耳野健二訳、未來社、二〇〇二―〇三年）

Hallgarten, George Wolfgang Felix 1954, *Why Dictators?: The Causes and Forms of Tyrannical Rule, Since 600 B. C.*, Macmillan.（G・W・F・ハルガルテン『独裁者――紀元前六〇〇年以降の圧政の原因と形態』西川正雄訳、岩波書店、一九六七年）

Hay, Colin 2007, *Why We Hate Politics*, Polity.（コリン・ヘイ『政治はなぜ嫌われるのか――民主主義の取り戻し方』吉田徹訳、岩波書店、二〇一二年）

Hertz, Noreena 2001, *The Silent Takeover: Global Capitalism and the Death of Democracy*, Free Press.（ノリーナ・ハーツ『巨大企業が民主主義を滅ぼす』鈴木淑美訳、早川書房、二〇〇三年）
Hintze, Otto 1930 (1962), "Typologie der ständischen Verfassungen des Abendlandes" (1930), in *Staat und Verfassung*, 2., erw. Aufl., herausgegeben von Gerhard Oestreich, Vandenhoeck & Ruprecht, 1962.（O・ヒンツェ「西欧の身分－議会制の類型学」、『身分制議会の起源と発展』成瀬治訳、創文社（歴史学叢書）、一九七五年）
—— 1931 (1962), "Weltgeschichtliche Bedingungen der Repräsentativverfassung" (1931), in *Staat und Verfassung*, 2., erw. Aufl., herausgegeben von Gerhard Oestreich, Vandenhoeck & Ruprecht, 1962.（O・ヒンツェ「代議制の世界史的諸条件」、『身分制議会の起源と発展』成瀬治訳、創文社（歴史学叢書）、一九七五年）
Juergensmeyer, Mark 2000, *Terror in the Mind of God: The Global Rise of Religious Violence*, University of California Press.（マーク・ユルゲンスマイヤー『グローバル時代の宗教とテロリズム——いま、なぜ神の名で人の命が奪われるのか』立山良司監修、古賀林幸・櫻井元雄訳、明石書店、二〇〇三年）
Kantorowicz, Ernst H. 1957, *The King's Two Bodies: A Study in Mediaeval Political Theology*, Princeton University Press.（エルンスト・H・カントーロヴィチ『王の二つの身体』（全二冊）、小林公訳、筑摩書房（ちくま学芸文庫）、二〇〇三年）
Keane, John 2009, *The Life and Death of Democracy*, W. W. Norton.（ジョン・キーン『デモクラシーの生と死』（全二冊）、森本醇訳、みすず書房、二〇一三年）
Kepel, Gilles 1991, *La revanche de dieu: chrétiens, juifs et musulmans à la reconquête du monde*, Seuil.（ジル・ケペル『宗教の復讐』中島ひかる訳、晶文社、一九九二年）
Kettl, Donald F. 2009, *The Next Government of the United States: Why Our Institutions Fail Us and How to

Fix Them, W. W. Norton.（ドナルド・ケトル『なぜ政府は動けないのか——アメリカの失敗と次世代型政府の構想』稲継裕昭監訳、勁草書房、二〇一一年）

Laum, Bernhard 1924 (2006), *Heiliges Geld: eine historische Untersuchung über den sakralen Ursprung des Geldes* (1924), Semele Verlag, 2006.

Lipovetsky, Gilles 1983, *L'ère du vide: essais sur l'individualisme contemporain*, Gallimard.（ジル・リポヴェツキー『空虚の時代——現代個人主義論考』大谷尚文・佐藤竜二訳、法政大学出版局（叢書・ウニベルシタス）、二〇〇三年）

Luhmann, Niklas 1972, *Rechtssoziologie*, 2 Bde., Rowohlt.（N・ルーマン『法社会学』村上淳一・六本佳平訳、岩波書店、一九七七年）

—— 1988, *Die Wirtschaft der Gesellschaft*, Suhrkamp.（ニクラス・ルーマン『社会の経済』春日淳一訳、文眞堂、一九九一年）

—— 1993, *Das Recht der Gesellschaft*, Suhrkamp.（ニクラス・ルーマン『社会の法』（全二冊）、馬場靖雄・上村隆広・江口厚仁訳、法政大学出版局（叢書・ウニベルシタス）、二〇〇三年）

—— 1997, *Die Gesellschaft der Gesellschaft*, Suhrkamp.（ニクラス・ルーマン『社会の社会』（全二冊）、馬場靖雄・赤堀三郎・菅原謙・高橋徹訳、法政大学出版局（叢書・ウニベルシタス）、二〇〇九年）

—— 2000, *Die Politik der Gesellschaft*, herausgegeben von André Kieserling, Suhrkamp.（ニクラス・ルーマン『社会の政治』小松丈晃訳、法政大学出版局（叢書・ウニベルシタス）、二〇一三年）

Lyon, David 2001, *Surveillance Society: Monitoring Everyday Life*, Open University Press.（デイヴィッド・ライアン『監視社会』河村一郎訳、青土社、二〇〇二年）

Mann, Michael 1993, *The Sources of Social Power*, Vol. 2: *The Rise of Classes and Nation-States, 1760-1914*,

Cambridge University Press.（マイケル・マン『ソーシャルパワー：社会的な〈力〉の世界歴史Ⅱ――階級と国民国家の「長い19世紀」』（全二冊）、森本醇・君塚直隆訳、NTT出版（叢書「世界認識の最前線」）、二〇〇五年）

Mauss, Marcel et Henri Hubert 1899, « Essai sur la nature et la fonction du sacrifice », *L'année sociologique*, tome 2, pp. 29-138.（マルセル・モース＋アンリ・ユベール『供犠』小関藤一郎訳、法政大学出版局（叢書・ウニベルシタス）、一九八三年）

Mouffe, Chantal 2000, *The Democratic Paradox*, Verso.（シャンタル・ムフ『民主主義の逆説』葛西弘隆訳、以文社、二〇〇六年）

Myers, A. R. 1975, *Parliaments and Estates in Europe to 1789*, Thames and Hudson.（A・R・マイヤーズ『中世ヨーロッパの身分制議会』宮島直機訳、刀水書房（刀水歴史全書）、一九九六年）

Palan, Ronen, Richard Murphy, and Christian Chavagneux 2010, *Tax Havens: How Globalization Really Works*, Cornell University Press.（ロナン・パラン＋リチャード・マーフィー＋クリスチアン・シャヴァニュー『［徹底解明］タックスヘイブン――グローバル経済の見えざる中心のメカニズムと実態』青柳伸子訳、作品社、二〇一三年）

Panofsky, Erwin 1991, *Perspective as Symbolic Form*, translated by Christopher S. Wood, Zone Books.（エルウィン・パノフスキー『〈象徴《シンボル》形式〉としての遠近法』木田元・川戸れい子・上村清雄訳、哲学書房（哲学選書）、二〇〇三年）

Pierson, Christopher 1991, *Beyond the Welfare State?: The New Political Economy of Welfare*, Polity Press.（クリストファー・ピアソン『曲がり角にきた福祉国家――福祉の新政治経済学』田中浩・神谷直樹訳、未來社、一九九六年）

Polanyi, Karl 1957, *The Great Transformation: The Political and Economic Origins of Our Time*, Beacon

Press.（カール・ポラニー『大転換――市場社会の形成と崩壊』吉沢英成・野口建彦・長尾史郎・杉村芳美訳、東洋経済新報社、一九七五年）

Porter, Theodore M. 1995, *Trust in Numbers: The Pursuit of Objectivity in Science and Public Life*, Princeton University Press.（セオドア・M・ポーター『数値と客観性――科学と社会における信頼の獲得』藤垣裕子訳、みすず書房、二〇一三年）

Power, Michael 1997, *The Audit Society: Rituals of Verification*, Oxford University Press.（マイケル・パワー『監査社会――検証の儀式化』國部克彦・堀口真司訳、東洋経済新報社、二〇〇三年）

Reich, Robert B. 2012, *Beyond Outrage: What Has Gone Wrong with Our Economy and Our Democracy, and How to Fix It*, Vintage Books.（ロバート・B・ライシュ『ロバート・ライシュ　格差と民主主義』雨宮寛・今井章子訳、東洋経済新報社、二〇一四年）

Ruggie, John Gerard 1982, "International Regimes, Transactions, and Change: Embedded Liberalism in the Postwar Economic Order", *International Organization*, Vol. 36, No. 2, pp. 379-415.

Sassen, Saskia 2006, *Territory, Authority, Rights: From Medieval to Global Assemblages*, Princeton University Press.（サスキア・サッセン『領土・権威・諸権利――グローバリゼーション・スタディーズの現在』伊豫谷登士翁監修、伊藤茂訳、明石書店、二〇一一年）

Schmitt, Carl 1922, *Politische Theologie: vier Kapitel zur Lehre von der Souveränität*, Duncker & Humblot.（C・シュミット『政治神学』田中浩・原田武雄訳、未來社、一九七一年）

―― 1923, *Die geistesgeschichtliche Lage des heutigen Parlamentarismus*, Duncker & Humblot.（カール・シュミット『現代議会主義の精神史的状況　他一篇』樋口陽一訳、岩波書店（岩波文庫）、二〇一五年）

Schulze, Hans K. 2011, *Grundstrukturen der Verfassung im Mittelalter*, Bd. 4: *Das Königtum*, W. Kohlhammer.

（ハンス・K・シュルツェ『西欧中世史事典Ⅲ　王権とその支配』小倉欣一・河野淳訳、ミネルヴァ書房（Minerva 西洋史ライブラリー）、二〇一三年）

Schumpeter, Joseph A. 1942, *Capitalism, Socialism, and Democracy*, Harper & Brothers.（シュムペーター『資本主義・社会主義・民主主義』（改訂版）（全三冊）、中山伊知郎・東畑精一訳、東洋経済新報社、一九六二年）

Singer, P. W. 2003, *Corporate Warriors: The Rise of the Privatized Military Industry*, Cornell University Press.（P・W・シンガー『戦争請負会社』山崎淳訳、日本放送出版協会、二〇〇四年）

Skeat, Walter W. 1924, *An Etymological Dictionary of the English Language*, New ed., Clarendon Press.

Stein, Peter G. 1996, *Römisches Recht und Europa: die Gesichte einer Rechtskultur*, Fisher Taschenbuch Verlag.（ピーター・スタイン『ローマ法とヨーロッパ』屋敷二郎監訳、ミネルヴァ書房（Minerva 21世紀ライブラリー）、二〇〇三年）

Steinmo, Sven 1997, *Why Tax Reform?: Understanding Tax Reform in Its Political and Economic Context*, Working Paper, Department of Economics, University of Colorado at Boulder: http://stripe.colorado.edu/~steinmo/reform.html.

Strayer, Joseph R. 1970, *On the Medieval Origins of the Modern State*, Princeton University Press.（ジョセフ・ストレイヤー『近代国家の起源』鷲見誠一訳、岩波書店（岩波新書）、一九七五年）

Ullmann, Walter 1966, *The Individual and Society in the Middle Ages*, Johns Hopkins Press.（W・アルマン『中世における個人と社会』鈴木利章訳、ミネルヴァ書房、一九七〇年）

Weber, Max 1920, „Die protestantische Ethik und der Geist des Kapitalismus", *Gesammelte Aufsätze zur Religionssoziologie*, Bd. 1, J. C. B. Mohr.（マックス・ヴェーバー『プロテスタンティズムの倫理と資本主義の精神』（改訳）、大塚久雄訳、岩波書店（岩波文庫）、一九八九年）

―― 1956, „Soziologie der Herrschaft“, 8. Abschnitt: Die nichtlegitime Herrschaft (Typologie der Städte), in *Wirtschaft und Gesellschaft: Grundriss der verstehenden Soziologie*, herausgegeben von Johannes Winckelmann, J. C. B. Mohr.（マックス・ウェーバー『都市の類型学』（『経済と社会』第2部第9章8節）、世良晃志郎訳、創文社、一九六四年）

Westley, Frances, Brenda Zimmerman, and Michael Quinn Patton 2006, *Getting to Maybe: How the World is Changed*, Vintage Canada.（フランシス・ウェストリー＋ブレンダ・ツィンマーマン＋マイケル・クイン・パットン『誰が世界を変えるのか――ソーシャルイノベーションはここから始まる』東出顕子訳、英治出版、二〇〇八年）

日本語文献

池上俊一　二〇一四『公共善の彼方に――後期中世シエナの社会』名古屋大学出版会。

磯山友幸　二〇〇二『国際会計基準戦争』日経ＢＰ社。

伊藤昌亮　二〇一二『デモのメディア論――社会運動社会のゆくえ』筑摩書房（筑摩選書）。

江川温・服部良久　一九九五「概説　成長と飽和」、江川温・服部良久編『西欧中世史　中――成長と飽和』ミネルヴァ書房（Minerva 西洋史ライブラリー）。

大黒俊二　二〇〇六『嘘と貪欲――西欧中世の商業・商人観』名古屋大学出版会。

大住荘四郎　一九九九『ニュー・パブリック・マネジメント――理念・ビジョン・戦略』日本評論社。

樺山紘一　一九九五「キリスト教会と教皇権の動揺」、朝治啓三・江川温・服部良久編『西欧中世史　下――危機と再編』ミネルヴァ書房（Minerva 西洋史ライブラリー）。

河原温　二〇〇九『都市の創造力』岩波書店（ヨーロッパの中世）。

喜多川篤典 一九七八『国際商事仲裁の研究』東京大学出版会。
城戸毅 一九八〇『マグナ・カルタの世紀——中世イギリスの政治と国制 1199-1307』東京大学出版会（歴史学選書）。
阪口功 二〇一三「市民社会——プライベート・ソーシャル・レジームにおけるＮＧＯと企業の協働」、大矢根聡編『コンストラクティヴィズムの国際関係論』有斐閣（有斐閣ブックス）。
志賀櫻 二〇一三『タックス・ヘイブン——逃げていく税金』岩波書店（岩波新書）。
篠原一 二〇〇四『市民の政治学——討議デモクラシーとは何か』岩波書店（岩波新書）。
——編 二〇一二『討議デモクラシーの挑戦——ミニ・パブリックスが拓く新しい政治』岩波書店。
将基面貴巳 二〇一三『ヨーロッパ政治思想の誕生』名古屋大学出版会。
甚野尚志 二〇一三「ローマ・カトリック教会の発展」、堀越宏一・甚野尚志編『15のテーマで学ぶ中世ヨーロッパ史』ミネルヴァ書房。
神野直彦 二〇〇二『人間回復の経済学』岩波書店（岩波新書）。
鈴木大裕 二〇一六『崩壊するアメリカの公教育——日本への警告』岩波書店。
鷲見誠一 一九九六『ヨーロッパ文化の原型——政治思想の視点より』南窓社。
中里実 二〇〇八「国家による介入とその手法——国家、市場、法の関係」、中里実編『政府規制とソフトロー』有斐閣（ソフトロー研究叢書）。
新堀聰 二〇〇六「国際商事仲裁とグローバル商取引法の発展」、新堀聰・柏木昇編『グローバル商取引と紛争解決』同文舘出版（グローバル商取引シリーズ）。
二宮宏之 一九九五『全体を見る眼と歴史家たち』平凡社（平凡社ライブラリー）。
野田由美子 二〇〇三『ＰＦＩの知識』日本経済新聞社（日経文庫）。

福田歓一 一九七七『近代民主主義とその展望』岩波書店（岩波新書）。

―― 一九八五『政治学史』東京大学出版会。

藤田友敬 二〇〇八「はじめに」、藤田友敬編『ソフトローの基礎理論』有斐閣（ソフトロー研究叢書）。

渕倫彦 一九八五「カノン法」、『中世史講座』第四巻「中世の法と権力」學生社。

正村俊之 一九九五『秘密と恥――日本社会のコミュニケーション構造』勁草書房。

―― 二〇〇〇『情報空間論』勁草書房。

―― 二〇〇一『コミュニケーション・メディア――分離と結合の力学』世界思想社。

―― 二〇〇三「機能分化とアイデンティティの行方――電子メディアによる身体の超越と復権」、正村俊之編『情報化と文化変容』ミネルヴァ書房（「講座・社会変動」6）。

―― 二〇〇九『グローバリゼーション――現代はいかなる時代なのか』有斐閣（有斐閣Insight）。

―― 二〇一四『変貌する資本主義と現代社会――貨幣・神・情報』有斐閣。

―― 二〇一六「自己組織化の普遍性と歴史性――自律・他律・共律」、遠藤薫・佐藤嘉倫・今田高俊編『社会理論の再興――社会システム論と再帰的自己組織性を超えて』ミネルヴァ書房。

――編 二〇一七『ガバナンスとリスクの社会理論――機能分化論の視座から』勁草書房。

松原有里 二〇〇八「会計とソフトロー」、中里実編『政府規制とソフトロー』有斐閣（ソフトロー研究叢書）。

山内進 二〇〇四「カノン法――教皇権と法の合理化」、勝田有恒・森征一・山内進編『概説 西洋法制史』ミネルヴァ書房。

山辺規子 一九九五「ローマ・カトリック秩序の確立」、江川温・服部良久編『西欧中世史 中――成長と飽和』ミネルヴァ書房（Minerva 西洋史ライブラリー）。

山本吉宣　二〇〇八『国際レジームとガバナンス』有斐閣。
吉田徹　二〇一一『ポピュリズムを考える——民主主義への再入門』ＮＨＫ出版（ＮＨＫブックス）。

あとがき

本書は、前著『変貌する資本主義と現代社会――貨幣・神・情報』（有斐閣、二〇一四年）の姉妹編にあたる。前著と本書は、それぞれ資本主義と民主主義をテーマにしているが、共通の論理構成をとっている。貨幣と権力を分析の中心に据え、両者の歴史的起源に立ち返った上で、貨幣と権力の現代的なあり方を問うている。なぜ、そのような迂遠な方法をとったのかといえば、現代の資本主義と民主主義を理解するためには、既存の貨幣観や権力観を見直すところから始めなければならない、と考えたからである。

これまで資本主義と貨幣、民主主義と権力を研究してきたのは、主に経済学と政治学だった。多くの経済学理論は、貨幣を最初から商品市場の中で働く媒体として位置づけてきた。貨幣の機能として交換機能の他に価値尺度機能があることは以前から知られているが、その価値尺度機能というのは、商品交換を可能にする働きとして理解されている。貨幣は異なる商品に内在する共通の価値を計ることによって商品交換を成立させる、というわけである。一方、政治学において権力は、権力者の意志を貫徹する力とみなされてきた。近年では、権力をより広義に解釈するようになってきたが、それでも権力の主体が人間であるということは自明の前提になっている。

つまり、既存の貨幣観と権力観は、人間が自律的な存在であること、そして経済と政治が明確に区別された領域であることを前提にした上で、貨幣と権力を商品交換と政治的支配を成立させる媒体として捉えていたのである。

しかし、この二つの前提は決して歴史的所与ではなく、それ自体が社会の歴史的発展の所産なのである。貨幣と権力は、その起源まで遡ると、単に経済と政治という独立した領域の中で人間と人間を媒介していたのではないことが分かる。聖なる力としての原始権力は神と人間を媒介することで支配者と被支配者を媒介したが、それに類することは貨幣にも言える。原始貨幣は、神に捧げる諸々の供物の価値を計る尺度として、また罪を贖《あがな》う手段として使われていた。

原始権力と原始貨幣は、どちらも供犠という原始的な宗教儀礼の中に登場し、神（聖なる世界）と人間（俗なる世界）を媒介する働きを通して人間と人間を媒介していた。その媒介性は、政治的・経済的な意味での媒介性に限定されない。キリスト教においてイエスは人類の罪を贖う存在として認識されているが、原始貨幣も物理的暴力に対する贖罪手段として使われた。このとき、原始貨幣は物理的暴力の連鎖を食い止める規範的な役割を果たしている。

現代の貨幣や権力は、もちろん神と人間を媒介しているのではない。それらの歴史的起源を知ることの意味は、経済と政治を峻別し、貨幣と権力を独立の媒体として捉える伝統的な理解を相対化することにある。実際、資本主義の「限界」や「終焉」が囁《ささや》かれる昨今、原始貨幣に注目する議論が増えてきた。そうした議論も、もっぱら経済的変化に焦点をあてているが、その変化は経済領域内にとどまるものではない。

今日、資本主義と民主主義がともに大きな変化に見舞われているのは偶然ではない。それらの変化は、両者に通底する現代社会の地殻変動の現れなのである。共通の起源をもつ貨幣と権力はのちに分離し、近代においてそれぞれ経済的・政治的な領域内で自己完結的に作動するようになったが、その関係が再び変化してきている。こうした歴史的変化を経済の側面から論じたのが前著であり、政治の側面から論じたのが本書である。

本書を刊行するにあたっては、原稿にコメントしていただいた安永隆則氏と戸松雅昭氏に御礼を申し上げたい。また、これまで私の研究生活を支えてくれた妻・啓子にも感謝したい。そして、最後になったが、講談社編集部の互盛央氏に深謝したい。互氏には、氏が岩波書店におられた頃からお世話になった。本の執筆を勧められてからずいぶん経ってしまったが、ようやく約束を果たすことができた。本書が少しでも読みやすいものになっているとすれば、それは氏の的確なアドバイスのおかげである。

二〇一八年一月

正村俊之

＊本書は、科研費基盤研究（C）「ガバナンスのリスク社会論・監査社会論的研究——資本主義と民主主義の現代的変容」（課題番号：15K03820、代表者：正村俊之）による研究成果の一部である。

正村俊之（まさむら・としゆき）

一九五三年生まれ。東京大学大学院社会学研究科博士課程単位取得退学。現在、大妻女子大学社会情報学部教授。東北大学名誉教授。専門は、社会学・コミュニケーション論・社会情報学。

主な著書に、『秘密と恥』、『情報空間論』（以上、勁草書房）、『コミュニケーション・メディア』（世界思想社）、『グローバル社会と情報的世界観』（東京大学出版会）、『グローバリゼーション』、『変貌する資本主義と現代社会』（以上、有斐閣）ほか。主な訳書に、ニクラス・ルーマン『信頼』（共訳、勁草書房）ほか。

主《しゅ》権《けん》の二《に》千《せん》年《ねん》史《し》

二〇一八年　六月一一日　第一刷発行

著者　正《まさ》村《むら》俊《とし》之《ゆき》

発行者　渡瀬昌彦
発行所　株式会社　講談社
東京都文京区音羽二丁目一二—二一　〒一一二—八〇〇一
電話（編集）〇三—三九四五—四九六三
（販売）〇三—五三九五—四四一五
（業務）〇三—五三九五—三六一五

装幀者　奥定泰之
本文データ制作　講談社デジタル製作
本文印刷　慶昌堂印刷株式会社
カバー・表紙印刷　半七写真印刷工業株式会社
製本所　大口製本印刷株式会社

ISBN978-4-06-511845-0　Printed in Japan
N.D.C.311　215p　19cm

講談社選書メチエ　刊行の辞

書物からまったく離れて生きるのはむずかしいことです。百年ばかり昔、アンドレ・ジッドは自分にむかって「すべての書物を捨てるべし」と命じながら、パリからアフリカへ旅立ちました。旅の荷は軽くなかったようです。ひそかに書物をたずさえていたからでした。ジッドのように意地を張らず、書物とともに世界を旅して、いらなくなったら捨てていけばいいのではないでしょうか。

現代は、星の数ほどにも本の書き手が見あたります。読み手と書き手がこれほど近づきあっている時代はありません。きのうの読者が、一夜あければ著者となって、あらたな読者にめぐりあう。その読者のなかから、またあらたな著者が生まれるのです。この循環の過程で読書の質も変わっていきます。人は書き手になることで熟練の読み手になるものです。

選書メチエはこのような時代にふさわしい書物の刊行をめざしています。

フランス語でメチエは、経験によって身につく技術のことをいいます。道具を駆使しておこなう仕事のことでもあります。また、生活と直接に結びついた専門的な技能を指すこともあります。

いま地球の環境はますます複雑な変化を見せ、予測困難な状況が刻々あらわれています。

そのなかで、読者それぞれの「メチエ」を活かす一助として、本選書が役立つことを願っています。

一九九四年二月　　野間佐和子

講談社選書メチエ　哲学・思想Ⅱ

MÉTIER

近代性の構造　今村仁司
身体の零度　三浦雅士
人類最古の哲学　カイエ・ソバージュⅠ　中沢新一
熊から王へ　カイエ・ソバージュⅡ　中沢新一
愛と経済のロゴス　カイエ・ソバージュⅢ　中沢新一
神の発明　カイエ・ソバージュⅣ　中沢新一
対称性人類学　カイエ・ソバージュⅤ　中沢新一
近代日本の陽明学　小島　毅
未完のレーニン　白井　聡
経済倫理＝あなたは、なに主義？　橋本　努
ヨーガの思想　山下博司
パロール・ドネ　C・レヴィ＝ストロース　中沢新一訳
ドイツ観念論　村岡晋一
国家とインターネット　和田伸一郎
弁証法とイロニー　菅原　潤
古代ギリシアの精神　田島正樹
精読　アレント『全体主義の起源』　牧野雅彦

連続講義　現代日本の四つの危機　齋藤元紀編
ブルデュー　闘う知識人　加藤晴久
怪物的思考　田口卓臣
熊楠の星の時間　中沢新一
来たるべき内部観測　松野孝一郎
丸山眞男の敗北　伊東祐吏
アメリカ　異形の制度空間　西谷　修
絶滅の地球誌　澤野雅樹
共同体のかたち　菅　香子
アーレント　最後の言葉　小森謙一郎
丸山眞男の憂鬱　橋爪大三郎
三つの革命　佐藤嘉幸・廣瀬　純

最新情報は公式twitter　→@kodansha_g
公式facebook　→https://www.facebook.com/ksmetier/

英国ユダヤ人　佐藤唯行
オスマンvs.ヨーロッパ　新井政美
ポル・ポト〈革命〉史　山田　寛
世界のなかの日清韓関係史　岡本隆司
アーリア人　青木　健
ハプスブルクとオスマン帝国　河野　淳
中東戦記　G・ケペル　池内　恵訳・解説
「三国志」の政治と思想　渡邉義浩
イスラムと近代化　新井政美編著
ティムール帝国　川口琢司
魔女狩り　黒川正剛
海洋帝国興隆史　玉木俊明
軍人皇帝のローマ　井上文則
世界史の図式　岩崎育夫
ロシアあるいは対立の亡霊　乗松亨平
都市の起源　小泉龍人
英語の帝国　平田雅博

異端カタリ派の歴史　ミシェル・ロクベール　武藤剛史訳
ジャズ・アンバサダーズ　齋藤嘉臣
モンゴル帝国誕生　白石典之

MÉTIER